KB271715

김경신이 뽑은

천하무적 장기투자

종목15

김경신 지음

이코노믹북스

누구나 '부자'를 꿈꾼다. 자신의 보유자산을 제대로 굴려 목돈을 만들고 또 그 목돈으로 투자를 하거나 부동산을 매입해 자신의 돈이 또 다른 돈을 불러 모으기를 희망한다. 10만원이 100만원이 되길 희망하며, 100만원이 1000만원으로 불어나기를 기도한다.

하지만 현실은 냉정하다. 쥐꼬리만한 내 연봉이 1년 동안 부끄러울 만큼 올라갈 동안 물가는 껑충거리며 앞서 나간다. 하늘 높은 줄 모르는 물가는 직장인들의 지갑을 초췌하게 만들 뿐이다.

그렇다고 투잡스(two jobs)를 할 수도 없다. 빠듯한 직장 생활을 하면서 퇴근 후에 또는 주말에 또 다른 일거리를 찾는다는 것은 그것만으로도 육체적 노동의 고통일 뿐 아니라 정신적인 공황상태까지 빠지게 한다.

대학을 졸업하고 적성에 맞는 일거리를 찾아 최선을 다하는 삶. 그런 삶의 뒤편에 풍족한 연봉과 노후가 보장된 미래가 바쳐 준다면 바랄 게 없다.

이 시대를 살아가는 직장인들은 스스로가 선택한 직장에서 충실히 하루를 일하고, 따뜻하고 안락한 가정으로 돌아갈 때는 내가 일한 만큼의 만족스런 수익을 거둬들여 남은 인생을 준비하고 싶어한다.

그러면 현명한 방법은 없을까.

이러한 고민에 빠진 직장인들에게 또는 예비투자자들에게 '장기투자'를 권장하고 싶다. 종목을 제대로만 선택한다면 충분히 승산은 있는 선택이다. 중요한 것은 마음가짐이다.

　장기투자에 나섰으면 일단 장기적 안목으로 주식을 매입한 뒤 최소 6개월에서 1년 이상을 보유하면 짭짤한 이득과 함께 내 집 마련의 꿈까지 노릴 수 있는 기회를 부여받는다.

　하지만 장기투자 주식종목은 데이트레이딩처럼 '간단한 논리'로는 성공할 수 없다. 고도의 안목으로 시장경제의 흐름을 파악해야 한다. 이러한 과정을 제대로 거친 사람이야말로 치열한 주식시장에서 'WIN'이란 깃발을 거머쥐게 된다.

　이 책이 당신에게 승리의 깃발을 안겨줄 것을 믿어 의심치 않는다. 하지만 중요한 것은 주가가 이미 너무 올라버린 경우 시기를 늦추어 종목에 접근하는 게 필요하다는 점이다.

　이 책이 나오기까지에는 이코노믹북스의 유창언 사장님을 비롯한 편집부 직원들의 노고가 컸다. 특히 주간현대 김은경 차장의 CEO 엿보기 자료에 고마움을 전하고 싶다.

　난해한 기본적 분석이나 기술적 분석을 가급적 배제하고 사업보고서를 중심으로 종목에 접근하려는 상식적인 방법을 제시하였으니 아무쪼록 투자의 성과를 나름대로 이룰 수 있기를 바란다.

2006년 새해 첫날에
김경신

contents

책을 내면서 … 4

종목1 삼부토건 "비상장 계열사들의 자산가치를 계산하라"__10

삼부토건의 매력포인트 … 13
탐구&분석① 삼부토건 바로알기 … 16
탐구&분석② 삼부토건의 약점 … 21
CEO 엿보기 … 23

종목2 효성 "대북 송전 관련 수혜주"__26

효성의 매력포인트 … 29
탐구&분석① 효성 바로알기 … 33
탐구&분석② 효성의 약점 … 40
CEO 엿보기 … 42

종목3 케이피케미칼 "단기적 하락세에도 불구, 뛰어난 성장세 예상"__46

케이피케미칼의 매력포인트 … 49
탐구&분석① 케이피케미칼 바로알기 … 52
탐구&분석② 케이피케미칼의 약점 … 55

종목4 태평양 "시장 지배력 1위의 전통기업"__56

태평양의 매력포인트 … 59
탐구&분석① 태평양 바로알기 … 63
탐구&분석② 태평양의 약점 … 69
CEO 엿보기 … 70

종목5 SK케미칼 "실적이 선반영된 안정적인 종목"__74

SK케미칼의 매력포인트 … 77

탐구&분석① SK케미칼 바로알기 … 80

탐구&분석② SK케미칼의 약점 … 87

CEO 엿보기 … 88

종목6 해성산업 "가치투자를 발견하면 승산 있다"__92

해성산업의 매력포인트 … 95

탐구&분석① 해성산업 바로알기 … 97

탐구&분석② 해성산업의 약점 … 107

CEO 엿보기 … 109

종목7 일성신약 "공격적인 주식투자 현황 파악이 급선무"__112

일성신약의 매력포인트 … 115

탐구&분석① 일성신약 바로알기 … 122

탐구&분석② 일성신약의 자산 파헤치기 … 125

탐구&분석③ 일성신약의 지배구조 및 주식분포 상황 … 129

탐구&분석④ 일성신약의 약점 … 131

CEO 엿보기 … 133

종목8 KODEX200 "분산투자의 효과를 최대한 누려라!"__136

KODEX200의 매력포인트 … 139

탐구&분석① KODEX200 바로알기 … 145

탐구&분석② KODEX200 접근방법 … 150

탐구&분석③ KODEX200 약점 … 152

contents

종목9 파라다이스 "주주이익 극대화, 안정적인 재무구조"__156

파라다이스의 매력포인트 … 159
탐구&분석① 파라다이스 바로알기 … 162
탐구&분석② 파라다이스의 약점 … 169
CEO 엿보기 … 172

종목10 삼환기업 "우량한 배당성향도 가치투자의 핵심"__178

삼환기업의 매력포인트 … 181
탐구&분석① 삼환기업 바로알기 … 189
탐구&분석② 삼환기업의 자산 파헤치기 … 192
탐구&분석③ 삼환기업의 지배구조 및 주식분포 상황 … 196
탐구&분석④ 삼환기업의 약점 … 202
CEO 엿보기 … 204

종목11 태경산업 "계열사에는 특별한 이유가 있다"__208

태경산업의 매력포인트 … 211
탐구&분석① 태경산업 바로알기 … 214
탐구&분석② 태경산업의 약점 … 222
CEO 엿보기 … 224

종목12 대성산업 "기존 이미지 변신, 업종다변화에 성공한 기업"__226

대성산업의 매력포인트 … 229
탐구&분석① 대성산업 바로알기 … 232
탐구&분석② 대성산업의 약점 … 239
CEO 엿보기 … 241

종목13 **흥구석유** "저평가됐다는 확신을 갖고 투자해라"__244

흥구석유의 매력포인트 … 247

탐구&분석① 흥구석유 바로알기 … 250

탐구&분석② 흥구석유의 약점 … 253

CEO 엿보기 … 255

종목14 **고려제강** "매출과 순이익 호전, 현금성 자산 대거보유"__258

고려제강의 매력포인트 … 261

탐구&분석① 고려제강 바로알기 … 265

탐구&분석② 고려제강의 약점 … 270

CEO 엿보기 … 272

종목15 **대한도시가스** "경기방어주 대한도시가스"__276

대한도시가스의 매력포인트 … 279

탐구&분석① 대한도시가스 바로알기 … 283

탐구&분석② 대한도시가스의 약점 … 290

CEO 엿보기 … 292

"비상장 계열사들의 자산가치를 계산하라"

삼 부 토 건 의   매 력 포 인 트

삼부토건은 2004년부터 매출이 증대되고 있어, 이에 따른 수익성 호전 추세를 이어 나가고 있는 종목이다. 삼부토건의 2002년 매출은 4341억원, 순이익은 30억원이었다. 이어 2003년 매출은 4916억원이며, 순이익 74억원으로 증가했다. 또 2004년 매출 6369억원, 순이익 277억원으로 지속적인 증가 추세를 나타냈고, 2005년 상반기 순이익만도 165억원으로 지난해에 비해 47%나 증가했음을 알 수 있다.

삼부토건의 2005년 당기순이익은 자본금 규모인 379억원을 넘어설 것으로 보인다. 주당순이익(EPS)이 5000원을 돌파할 것으로도 기대된다. 매출도 7000억원이 넘어설 것으로 전망한다.

이 같은 기대감이 바로 삼부토건에 대한 희망적인 매력 포인트인 셈이다.

신규수주 증가와 자체 사업물량의 증대

삼부토건의 2005년 수주목표는 1조원이다. 이 가운데 토목 3700억원, 건축 등 3830억원, 자체 사업 2370억원, 해외 300억원 등이다.

여기에 삼부토건은 2005년 8월 16일 파키스탄에서 700억 공사를 수주했다. 9월 7일 볼리비아에서는 262억원짜리 교량공사를 수주해 오는 등 해외 사업부문에서도 호조세를 보인다. 2005년 상반기 기준으로 삼부토건의 계약잔고는 1조7943억원에 이른다.

특히 2005년 상반기 매출 가운데 토목 46%, 건축 27%, 자체공사 21.7%로 자체 공사 증가에 따른 수익성이 양호한 것도 삼부토건의 매력이다.

여기에 비상장계열사들의 자산가치가 부각되고 있다는 점도 기억해야 한다.

삼부토건의 지분법 적용 투자주식(계열회사의 주식)은 1156억원이고, 장기투자증권은 840억원(상장주식 58.6억원)인데 호텔업을 영위하는 남우관광(지분율 83.8%)의 경우, 취득가가 581억원인데 비해 장부가는 837억원이다. 남우관광은 라마다 르네상스호텔을 소유하고 있다. 또 보문관광의 지분 100%를 가지고 있는데 보문관광은 경주 보문단지에 있는 호텔을 운영중이다. 이 호텔의 장부가는 163억원, 취득가 196억원으로 기록되었다.

2년간 현금배당과 주식배당 동시 실시

삼부토건은 지난 2004년과 2005년 현금배당과 주식배당을 동시에 실시했다.

2004년 현금배당 5%, 주식배당 3%를 실시했으며, 2005년 현금배당 10%, 주식배당 2%를 실시했다. 이 같은 삼부토건의 행보는 투자자 측면에서 볼 때 주가상승에 따른 배당수익 증가가 기대되는 부분이다. 삼부토건이 유망 배당투자종목이란 얘기다.

삼부토건의 자체 부동산 가치도 유망종목의 이유 가운데 하나다.

삼부토건이 보유하고 있는 자체 부동산의 장부가는 1082억원이다. 현재 이 부동산의 공시지가는 1768억원이다. 이 가운데 서울 강남구 역삼동 빌딩 397

억원(공시지가 673억원), 중구 본사 210억원(공시지가 367억원)도 포함시킨 가격이다.

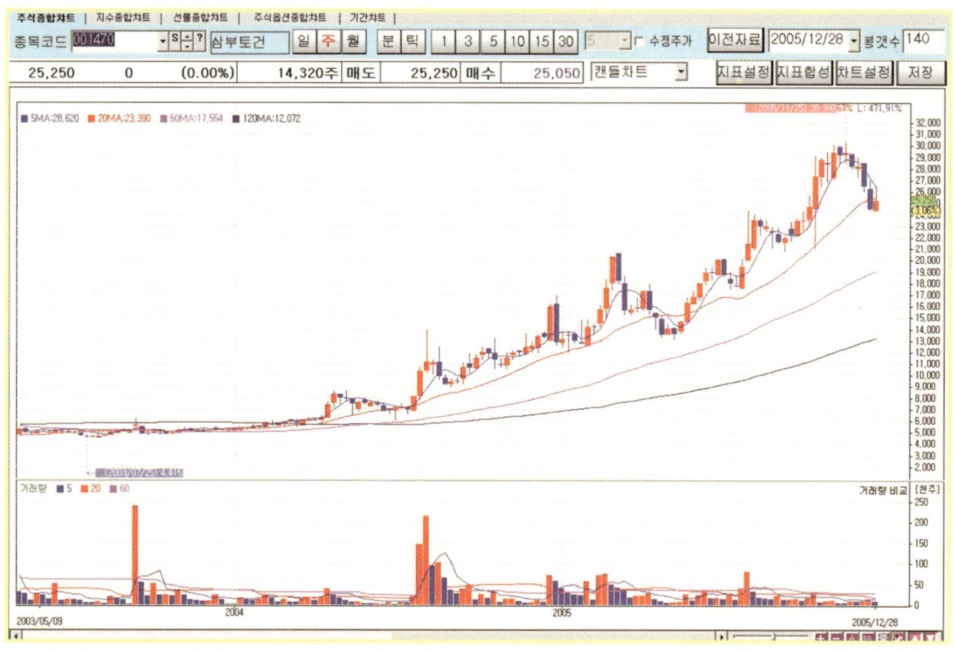

〈표1〉 삼부토건 주봉

탐구&분석① 삼부토건 바로알기

삼부토건은 1948년 창립 이래 반세기 동안 성실시공의 자세와 새로운 기술개발을 통해 한국건설 산업발전에 이바지해 왔다. 삼부토건의 정확한 설립날짜는 1948년 4월이다. 서울시 중구 남창동에 위치한 삼부토건은 도로 건설업이 주 업종이다.

1955년 5월 삼부토건사(주)로 법인전환했다. 1959년 3월 삼부토건(주)로 상호를 변경했으며, 1965년 8월엔 두계 PC공장을 독립 분리해 삼부산업(주)를 설립했다.

1974년 4월엔 (주)여의도개발공사를 흡수 합병했다. 삼부토건은 2년 뒤인 1976년 6월 기업공개 및 주식을 상장했다. 삼부토건은 1980년 2월 (주)한국종합조경공사를 인수했다.

3개월 뒤인 5월 29일에는 보문관광(주)도 인수했다. 1982년 6월엔 한국석산개발(주)를 흡수합병했다. 라마다 르네상스호텔을 1988년 7월에 전면 개관했다.

내실경영'과 '성실시공'을 실천

1965년 건설업 면허를 취득한 이후로 삼부토건은 도로, 항만, 댐, 교량, 지하철 등 사회기간산업을 시공해 오며 축적된 기술력을 인정받아 관급토목공사 시공에 있어 경쟁우위를 보였다.

창사 이래 건설업으로 한우물을 파며 '내실경영'과 '성실시공'을 실천해 온 결과 57년간 흑자배당을 유지할 수 있었고, 21세기 초우량기업 실천을 목표로 토목부문 신규수주와 엄중한 사업성 분석을 통한 주택건축에 노력해 온 결과 매출과 이익에서 성장을 지속할 수 있었다.

토목의 경우 매출비중은 47.69%이며 도급공사로 진행된다. 이어 주택분양 사업은 24.22%로 자체 사업으로 진행한다. 건축은 23.97%로 도급공사로 사업을 하고 있다.

대한건설협회에 따르면 삼부토건의 토목, 건축 분야의 도급순위는 2003년에는 27위로 시공능력 평가액은 5164억원이었으며, 이후 2004년에는 5694억원으로 27위를 유지했으며, 2005년에는 7938억원으로 26위로 올라섰다.

삼부토건이 영위하고 있는 건설산업은 특성상 수주산업이다. 이 산업은 다른 산업의 생산활동 및 건설수요창출에 의하여 건설 활동이 파생되는 까닭에 다른 산업에 비하여 경기에 더욱 민감하다. 시멘트, 유리, 철근, 목재, 골재 등 타 산업 분야에 대한 생산파급 효과가 큰 편이다. 대부분 타 산업의 생산활동에 선행하여 건설활동이 이루어지기 때문에, 경기변동에 큰 영향을 받는다.

특히, 주택 및 상업용 건축은 부동산 경기에 크게 좌우되며 공업용 건축은 일반경기 변동에 따른 설비투자의 확대 및 축소 등에 따라 건설경기가 움직인다. 또한 사회간접자본의 확충, 주택정책 등 정부정책에 따라 변동이 심하다.

2005년 3/4분기 말 현재 삼부토건의 총자산은 7579억원이고 부채는 4458억원이며 자기 자본은 3120억원이다. 자본금이 378억원인데 비해 자본잉여금이 1882억원, 이익잉여금이 847억원이나 되어 유보율이 매우 높은 편임을 알 수 있다.

2001년부터 2003년까지의 매출액 평균은 4400억원 선을 꾸준히 유지했으며, 2004년에는 6369억원으로 높은 매출을 시현하여 한 단계 도약한 모습을 보여주었다. 2005년 3/4분기까지의 매출은 4643억원에 달해 2004년 이후의 성장세를 유지하고 있는 것으로 여겨진다.

(단위 : 백만원)

구 분	제 52분기	제 51 기	제 50 기	제 49 기	제 48 기
[유동자산]	326,136	303,761	255,700	247,889	308,672
· 당좌자산	270,923	226,756	196,967	192,012	272,617
· 재고자산	55,213	77,005	58,733	55,877	36,055
[고정자산]	431,772	412,805	385,968	389,356	351,450
· 투자자산	217,929	197,730	164,886	164,577	123,558
· 유형자산	213,024	214,134	219,917	223,389	227,101
· 무형자산	819	941	1,165	1,390	791
자산총계	757,908	716,566	641,668	637,245	660,122
[유동부채]	337,098	267,629	273,134	199,595	253,500
[고정부채]	108,796	157,265	108,038	185,150	156,419
부채총계	445,894	424,894	381,172	384,745	409,919
[자본금]	37,869	37,183	36,182	35,528	34,887
[자본잉여금]	188,251	188,251	188,251	188,251	188,251
· 자본준비금	33,252	33,252	33,252	33,252	33,252
· 재평가적립금	154,999	154,999	154,999	154,999	154,999
[이익잉여금]	84,767	65,631	40,769	34,659	29,596
[자본조정]	1,127	607	△4,706	△5,938	△2,531
자본총계	312,014	291,672	260,496	252,500	250,203
매출액	464,308	636,946	491,638	434,090	425,157
영업이익	35,000	50,172	27,813	17,725	26,510
경상이익	35,106	41,137	11,781	5,178	3,005
당기순이익	23,558	27,679	7,353	3,039	1,617

〈표2〉 요약재무정보

이에 따라 영업이익도 2002년 177억원, 2003년 278억원이던 것이 2004년 501억원을 기록했는데 2005년 3/4분기까지 350억원을 달성해 큰 폭의 수익성 개선이 이루어지고 있다.

당기순이익 역시 2001년~2003년까지는 16억원, 30억원, 73억원 등이었으나 2004년에 276억원을 기록한 이후 2005년 3/4분기까지 벌써 235억원을 넘어섰다. 전체자본금이 378억원임을 감안하면 납입자본금 이익률이 50%에 근접할 정도로 높은 수익성이다.

한편, 삼부토건의 재무제표를 살펴보면 유동자산에 속한 현금 및 현금등가물이 25억원, 단기금융상품이 34억원이고 고정자산에 속한 장기투자증권이 926억원, 지분법적용투자주식이 1139억원이나 됨을 알 수 있다.

또 삼환기업이 보유하고 있는 토지는 장부가로 1081억원인데 자본금 규모에 비해 세 배 가까이 된다.

지분법적용투자주식의 내용을 보면, 남우관광 주식을 316만주(지분율 83.8%)를 보유하고 있는데 이 주식의 취득원가는 581억원인데 비해 장부가는 827억원이다. 그리고 보문관광 주식 193만주(지분율 100%)를 195억원에 취득했는데 장부가는 순자산가액인 157억원으로 기록되어 있다. 또 삼부건설공업의 주식 40만주(지분율 99%)를 154억원에 취득했는데 장부가액으로는 112억원이다.

삼부토건이 보유한 부동산에 대한 자산 가치를 평가해 보면, 보유한 토지 가운데 판매관리 부문의 등기상 부동산 가운데 장부가액과 공시지가의 편차가 심한 부동산을 소개해 보면, 본사 사옥이 있는 서울 중구의 664평은 210억원이었던 부지가 공시지가로 현재 367억원으로 증가했다. 또 서울 영등포의 여의상가의 경우 19억원이었던 상가가 54억원으로 높아졌다. 서울 강남구 역삼동 빌딩은 397억원에서 672억원으로 증가했다. 이밖에 경기도 화성의 8485평의 장부가는 3억원이었는데 현재 공시지가로는 18억원으로 6배나 부동산 가격이 상승했다.

　삼부토건의 최대주주는 조남욱 회장이다. 조 회장은 61만주를 보유해 지분율 8.1%를 나타낸다. 조회장 외 40명의 특수관계인의 주식 소유 현황은 193만주를 보유해 25.5%의 지분율이다.

　삼부토건은 비상장 회사의 지분을 많이 보유하고 있는데 특히 호텔업을 하고 있는 남우관광(주)의 83.80%의 지분을 갖고 있다. 또 호텔업을 하고 있는 보문관광(주)의 지분은 100%이다. 또 삼부건설공업(주)은 99%의 지분을 보유하고 있으며, 소매업을 하고 있는 (주)여의상사 69.5%, 체육시설업을 하고 있는 (주)한서울 99.8%, 건설업을 하고 있는 삼부네팔의 100%, 삼부파키스탄의 100% 지분을 보유했다.

　삼부토건의 타 법인 출자현황을 살펴보면, 포스코, 현대자동차 등 13개의 시장성 있는 상장회사의 주식을 모두 소량으로 사들여 이들의 총 주식수가 31만주다. 이 주식들은 현재 장부가액으로 42억원이다.

　삼부토건의 주식 분포를 살펴보면, 개인소액주주가 321만주를 소유해 43.2%의 지분율을 보인다.

탐구&분석② **삼부토건의 약점**

삼부토건은 유통물량이 비교적 많은 데도 외국인 지분이 12.5%인 94만에 불과하다. 최대주주인 조남욱(8.15%) 외 특수관계인 40명이 25.6%를 보유하고 있고 개인소액주주 비중도 43.2%이다. 기관이나 외국인의 적극적인 매수가 이루어지지 않고 있다.

출자금이 많아 현금의 활용성 문제가 대두되기도 한다.

출자금의 장부가가 562억원인데 취득가 579억원으로 평가손 17억원을 보인다. 인천국제공항 철도 375억원, 건설공제조합 104억원 등으로 출자금 규모가 크다.

반면, 시장성 있는 주식은 58억원으로 취득가액 42억원에 비해 '+15억원' 평가이익을 나타낸다.

그리고 지분법 적용 회사의 재무정보에 대한 접근이 어렵다.

자산가치가 우량한 자회사임에도 불구하고 상장회사의 공시에 준할 정도의 정보 접근이 어렵다.

자사주 처리 문제도 고심거리이다.

자사주를 56만주 정도 소유하고 있는데 취득가액이 27억원에 불과해 1주당 취득가 5000원 정도 밖에 되지 않는다. 현재 주가 2만7000원임을 감안할 때 평가차익만 해도 110억원이 넘는다.

높은 유보율에도 불구하고 증자에 대한 기대감은 적은 편이다.

자본금 378억원, 자본잉여금 1882억원(자산재평가 적립금 1550억원 포함), 이익잉여금 777억원으로 높은 유보율을 보이고 있지만 오랫동안 증자를 하지 않고 있다.

CEO 엿보기

조남원 삼부토건 부회장, 건설의 날 '금탑훈장'

조남원 삼부토건 대표이사(부회장)는 지난 2005년 6월 18일 건설의 날을 맞아 '2005 건설의 날' 행사에서 금탑산업훈장을 받았다.

조 부회장은 토목·건축·플랜트 분야에서 견실 시공으로 건설산업 발전에 기여한 공로를 인정받았다.

조남원 부회장은 1975년 삼부토건에 입사, 30년간 건설 외길을 걸어오면서 국내외 굵직한 현장을 지킨 주인공이다.

조남욱 삼부토건 회장의 동생으로 사우디아라비아 알코바 하수종말처리장, 타이프 스포츠센터, 말레이시아 MBA사옥, 파키스탄 물탄~미안찬누간 도로건설 등과 같은 해외건설 공사를 완벽하게 끝내 세계 속에 건설 한국의 입지를 다진 토목 전문가이다.

그는 국내에서는 최초로 한강 지하 터널인 지하철 5호선 마포~여의도 공사를 현장에서 지휘했다. 남강 다목적댐, 화북댐, 대곡댐 건설 공사도 완벽하게 끝냈다.

동해 북평항, 울릉도 사동항 건설공사, 경부고속철도, 영흥화력 발전소 등 사회간접자본시설 공사도 성공리에 마쳤다. 장대교량 건설 등에서 신기술을 개발하고 안전시공으로 건설산업 발전에 기여했다는 평도 받는다.

조 부회장은 장학재단인 숙정재단을 설립하고 사회복지법인인 재활재단 이사를 맡아 사회활동도 활발히 펼치고 있다.

__효성

"대북 송전 관련 수혜주"

효성의 매력포인트

2005년, 한반도를 긴장의 도가니로 몰아넣었던 6차 회담이 일단 성공적으로 끝나기는 했지만 향후 관건은 각국의 이해관계가 얼마나 맞아떨어지며 회담 내용이 실제로 얼마나 제대로 실행되느냐에 달렸다고 해도 과언이 아니다.

이 과정에서 필자는 남한에서 북한에 전력을 공급한다는 보도를 본 뒤 우연히 대북송전수혜주가 주식시장에서 테마로 자리잡았다는 것을 관찰하게 되었다. 이 수혜주에는 '효성'이라는 종목이 들어 있었다.

9월 20일자 머니투데이에서는 효성과 관련된 내용의 기사를 싣기도 했다. 옮겨보면, 이번 공동성명에 '한국은 북한에 200만kW의 전력을 제공하는 내용의 제안을 재확인했다'는 내용이 포함돼 있다. 이에 따라 발전설비와 관련된 업체와 전선관련업체의 수혜가 예상된다.

먼저 발전설비와 관련해 9월 20일 10시 현재 초고압변압기를 만드는 효성은 전 거래일보다 4.62% 오른 1만3600원에 거래되고 있다고 전했다.

■ 턴 어라운드형' 기업으로 탈바꿈

효성은 IMF 이후 효성중공업 · 효성물산 · 효성생활산업이 합병하여 1998년에 탄생된 회사로 2001년에는 효성미디어도 합병했다.

2004년 말 효성의 매출 구조를 보면 섬유 21%, 산업자제 14%, 화학 14%, 중공업 13%, 건설 6%, 무역 30%의 구조를 이루고 있다. 이 가운데 중공업 부문이 바로 대북 송전과 관련 있는 분야라고 할 수 있겠다.

물론 효성그룹의 전체 매출구조 측면에서 본다면, 대북송전이라는 메리트는 큰 의미는 없다고 할 수 있지만, 이 같은 수혜들을 등에 업고 빠르면 2006년에서 2007년경부터는 영업실적이 크게 호전되는 턴 어라운드형 기업으로 탈바꿈할 수 있다는 점에 주목하고 싶다.

2006년부터는 감가상각비 부담이 줄어들고, 울산공장 폐쇄로 인한 구조조정 효과가 가시화될 수 있기 때문이다.

2005년 7월 세계 최대 타이어메이커인 미세린과 6억5000만달러 어치의 스틸코드 공급 계약을 맺기도 했다.

이 공급계약은 연간 6500만 달러의 수익을 가져온다. 미세린의 스틸코드 공장을 인수하기로 해 스틸코드 시장의 북미지역 점유율이 7~14%까지 늘어날 가능성도 점쳐지고 있다.

■ 245kV 가스절연개폐장치 국내 최초 개발

효성은 2004년 10월 축소형 245kV 50kA급 가스절연 개폐장치(GIS)를 국내 최초로 개발하기도 했다.

축소형 가스절연개폐장치(GIS)란 안전사고를 방지하기 위해 송전선로나 변전기기 내에 발생되는 사고나 고장의 확산을 막아 안전사고를 방지하는 종합

차단 시스템을 말한다.

기존의 단로기, 피뢰기, 차단기 등 별개의 기기들을 하나의 패키지로 묶어 송변전 기기의 점유공간을 줄인 제품이다. 이 장치의 세계 시장 규모는 2조원 수준이다.

효성은 이 순수 자체 기술력으로 개발한 가스절연개폐장치에 대해 '해외시장 공략을 목표로 개발한 수출용 제품'이란 설명을 전하기도 했다.

〈표1〉 효성 주봉

효성은 비슷한 시기에 북한에 건설중인 KEDO(한반도 에너지 개발기구) 원전용으로 245kV GIS, 46억원을 수주했다.

2004년 6월에는 국내 한전용으로 25.8kV 25kA GIS를 국내 최초로 적용

규격을 변경해 개발했다. 또 세계 최초로 개발중인 25.8kV 40kA 3000A GIS도 개발 완료 단계에 접어드는 등 국내외 최초로 차단기 신제품을 잇따라 개발, 국내 차단기 분야 선두기업으로서의 위치를 확고히 하고 있다.

효성은 앞서 1992년 국내 최초이자 세계에서 여섯 번째로 765kV급 극초고압 전력용 변압기를 개발했다. 이어 1999년에는 800kV급 2점절 GIS(Gas Insulated Switchgear)를 세계 최초로 개발하는 등 초고압 변압기부문에서 세계적인 경쟁력을 가진 업체로 자리잡았다.

특히 2005년 4월에는 국제 공개입찰을 통해 중국 서북전망유한공사에서 발주한 750kV급 초고압 차단기 두 대(1600만 달러 규모)를 수주하기도 했다.

탐구&분석 ① **효성 바로알기**

효성은 1996년 동양나이론(주)에서 효성T&C로 상호가 변경된 후 1998년 다시 (주)효성으로 상호가 변경됨에 따라 새롭게 출발했다.

그후 1998년 11월 효성은 효성물산, 효성중공업, 효성생활산업을 흡수 합병했고, 2001년 2월 효성미디어를 흡수 합병함에 따라 사업부문도 다양화되어 있음을 알 수 있다.

◆ 주력업종1 … 섬유부문

효성은 지금까지 추진해 온 나일론, 폴리에스터원사 사업에서의 차별화 품목 확대, 강력한 원가 절감을 통해 제품경쟁력을 강화하고 마케팅력을 제고시켜 탄탄한 사업기반을 구축해 왔다.

아울러 고객 밀착관리를 통해 고객 요구에 부합하는 내염소성, 고내열성, 항균스판덱스 등 다양하고 차별화한 제품으로 고객의 가치를 향상시키고 있다.

원사 메이커로서는 처음으로 브랜드 마케팅, CRMS, 마일리지 제공, 해외 유명 전시회 참가 등 적극적인 마케팅을 전개해 기업 이미지 제고를 강화하는 등 세계 1위의 스판덱스 메이커로 도약하기 위해 노력중이다.

◆ 주력업종2 ··· 산업자재 부문

타이어보강재 PU는 고부가가치의 Radial 타이어의 사용 비중이 커짐에 따라 폴리에스터 타이어코드 생산에 더 비중을 두고 있다.

또한 상위 10위권의 타이어업체 매출액이 전체 타이어업계 매출액의 80%를 차지하고는 있는 현실을 감안, 이들의 다양하고 새로운 요구에 적절히 대처할 수 있도록 꾸준한 연구와 신소재 개발을 위해 역량을 집중하고 있다.

◆ 주력업종3 ··· 화학부문

산업 전체적인 설비가동률이 매우 높은 상황에서 효성의 TPA, PP 및 나일론·폴리에스터 필름 부문은 최근 몇 년 동안의 실적 중, 가장 높은 성장률을 기록했다.

2004년 패키징 PU는 타 산업에 비해 상대적으로 낮은 진입장벽으로 인해 해를 거듭할수록 경쟁이 심화되는 가운데, 원료인 PET chip 가격이 강세를 보여 경영환경이 다소 악화됐다.

그러나 1.6L 맥주용 PET 병, PET 요구르트 병 등 꾸준히 신제품을 개발했으며 세계적인 음료업체들의 필요에 부합하는 제품의 적기 제공 등을 바탕으로 건실한 실적을 쌓아가는 상황이다.

◆ 주력업종4 ··· 중공업부문

전력 PU는 2004년 한전의 대용량 제품 수요 감소로 인해 수익률이 악화됐고 하반기 발생한 파업의 여파로 좋지 않은 실적을 기록했다. 하지만 최고 기술과 품질을 자랑하는 생산 제품은 그 우수성을 국내외적으로 인정받고 있기 때문에 나아지리라 전망한다.

한국전력에 편중되어 있는 매출 비중을 미국 및 중국지역 수출 등으로 다변화시키기 위해 노력중이며 중국 내수 시장 진출을 염두에 두고 보정에 배전변압기 공장을 합작 설립하여 2005년 본격적인 가동을 시작했다.

　기전 PU는 치열한 국내 경쟁 속에서 예상하지 못했던 파업의 여파로 실적이 다소 감소되었다. 하지만 국내 회전기 분야의 확고한 리더로서 고효율 전동기, 철도 차량용 모터 등 다양한 종류의 전동기와 발전기, 감속기를 생산·공급중이다. 제품 혁신을 통한 에너지 절감은 물론, 제품의 신뢰성 향상에도 최선을 다하는 회사로 자리매김했다.

◆ 주력업종5 ··· 무역부문

　국내 무역상사의 전반적인 위상 및 수익성 악화에도 불구하고 효성의 무역부문은 한 발 앞선 구조조정 및 수익성 위주의 영업으로 매년 성장을 지속해 나가는 중이다. 또 어려운 수출환경 속에서도 지속적인 수출확대로 수익성을 제고하고 있을 뿐 아니라 해외영업망 확대, 중남미, 유럽시장 및 신흥국가에 대한 적극적인 공략으로 안정적인 수출구조 하에서 성장의 발판을 마련한 것으로 보인다.

◆ 주력업종6 ··· 건설부문

　효성의 건설PG는 주력사업부문인 주택사업에 대한 핵심 역량을 더욱 강화하고 제품 자금조달 사업 등 새로운 사업영역에 대한 적극적인 영업활동 전개를 통해 사업 다각화를 추진했다. 다각적인 수익성 제고 전략 및 원가 절감 방안을 효율적으로 시행해 사상 최대 경영성과를 달성했다.

　효성의 여섯 가지 사업부문에 대한 매출 품목을 살펴보면, 우선 섬유부문은 나일론 원사, 스판덱스 원사, 폴리에스터 원사, 직물 등이 17.2%를 점하고 있고, 산업자재 부문의 경우에는 타이어코드, 스틸코드, 산업용 원사, 카페트, 기타 바닥재 등이 14.7%의 비율이다.

　또 화학 사업부문은 PP, PET BOTTLE, 나일론 필름, 폴리에스터 필름, TPA 등에서 14.9%의 매출비율을 나타내며, 중공업 부문에서도 변압기, 차단기, 전동기 등이 14.3%를 차지한다.

　　효성의 경우 건설은 아파트, 상가를 위주로 공사가 진행되며 5.9%의 매출을 기록했으며, 무역은 7818억원으로 32.3%의 비율을 보인다. 전체적으로 보아 무역 32.3%, 섬유 17.2%, 화학 14.9%, 산업 14.7%, 중공업 14.3% 등 각 사업부문에서 비교적 고른 매출 구조를 유지해 나가는 상황이다.

　　2005년 3/4분기 말 현재 효성의 총자산은 4조1913억원이고 부채는 2조4168억원으로 총자산에 비해 부채비중이 높은 편에 속한다. 자본금은 1739억원이며, 자본잉여금은 1조3744억원이며, 이익잉여금은 2835억원이다.

　　효성의 매출액 추이를 보면, 2001년부터 2003년까지 4조원 선에서 행보를 하다가 2004년 4조7000억원을 넘어서기도 했는데 2005년 들어 3/4분기까지 3조6390억원을 기록해 큰 성장세를 이어가지는 못하고 있음이 드러난다.

(단위 : 백만원, %)

사업부문	매출유형	품 목	구체적용도	주요상표등	매출액	비율
섬유	제 품	나일론 원사, 스판덱스 원사, 폴리에스터 원사, 직물	의류용	CREORA, M2	604,554	16.6
산업자재	제 품	타이어코드, 스틸코드, 산업용 원사, 카페트, 기타 바닥재	산업용		538,007	14.8
화학	제 품	PP, PET BOTTLE, 나일론 필름, 폴리에스터 필름,TPA	플라스틱용기, 원료, 폴리에스터 원료	TOPILENE	551,790	15.2
중공업	제 품	변압기,차단기, 전동기	변전소, 산업용		549,662	15.1
건 설	공 사	아파트, 상가	도급,개발공사	백년家약	207,359	5.7
무 역	상 품	종합무역	-		1,163,085	32.0
기타	-	-	-		24,553	0.7
계					3,639,010	100.0

〈표2〉 주요제품의 현황

　　영업이익의 경우 2001년 3130억원에서 2002년 2665억원, 2003년 2205억원, 2004년 1776억원으로 감소추세를 보여주고 있는데 2005년 3/4분기까지에도 1246억원으로 별다른 전환의 계기를 마련하지 못하고 계속 하락 추세이다.

　　당기순이익 역시 2001년 547억원에서 2004년 603억원으로 다소 증가하기는 했으나 2005년 3/4분기까지 186억원에 불과해 수익성이 크게 낮아졌음을 알 수 있다.

(단위 : 원)

구 분	제 51분기	제 50기	제 49기	제 48기	제 47기
[유동자산]	1,224,638,594,675	1,169,029,601,835	1,283,343,878,120	1,244,787,166,511	1,178,578,785,022
·당좌자산	562,260,811,581	603,731,453,230	774,902,174,118	776,112,607,926	693,260,635,405
·재고자산	662,377,783,094	565,298,148,605	508,441,704,002	468,674,558,585	485,318,149,617
[고정자산]	2,966,730,942,791	3,151,333,869,795	3,110,740,350,053	3,343,961,744,751	3,564,482,888,218
·투자자산	755,857,462,858	757,013,800,641	703,947,038,053	803,731,831,279	840,453,233,458
·유형자산	2,190,659,409,876	2,368,863,976,839	2,382,310,083,968	2,510,518,472,723	2,721,789,715,921
·무형자산	20,214,070,057	25,456,092,315	24,483,228,082	29,711,440,749	2,239,938,839
자산총계	4,191,369,537,466	4,320,363,471,630	4,394,084,228,173	4,588,748,911,262	4,743,061,673,240
[유동부채]	1,211,093,384,131	1,517,752,845,314	1,658,797,312,057	1,559,285,183,811	1,836,183,030,254
[고정부채]	1,205,759,320,098	1,031,869,886,355	916,709,481,671	1,221,901,661,208	1,088,075,713,397
부채총계	2,416,852,704,229	2,549,622,731,669	2,575,506,793,728	2,781,186,845,019	2,924,258,743,651
[자본금]	173,929,555,000	164,426,025,000	158,138,010,000	152,411,330,000	143,663,380,000
[자본잉여금]	1,374,437,005,205	1,367,895,147,185	1,367,694,132,855	1,367,697,296,195	1,365,588,414,731
·자본준비금	738,299,728,731	738,299,728,731	738,299,728,731	738,299,728,731	738,299,728,731
·재평가적립금	636,137,276,474	629,595,418,454	629,394,404,124	629,397,567,464	627,288,686,000
[이익잉여금]	283,531,906,346	295,632,473,920	249,183,557,247	220,115,963,735	167,972,567,728
[자본조정]	△57,381,633,334	△57,212,906,144	43,561,734,343	67,337,476,313	141,578,567,130
자본총계	1,774,516,833,217	1,770,740,739,961	1,818,577,434,445	1,807,562,066,243	1,818,802,929,589
매출액	3,639,010,033,955	4,783,967,932,476	4,218,696,022,345	3,984,712,162,098	4,113,576,136,819
영업이익	124,670,510,521	177,683,252,731	220,544,620,704	266,538,585,289	313,080,244,790
경상이익	10,594,172,162	88,318,667,529	84,537,522,686	79,191,352,347	71,758,315,590
당기순이익	1,862,189,048	60,387,857,922	37,773,270,440	50,780,655,924	54,742,365,145

〈표3〉 요약재무정보

효성의 재무제표를 살펴보면, 고정자산 가운데 매도가능증권이 1547억원이고, 지분법적용투자주식이 5481억원이나 되며, 또 보유토지의 장부가가 7111억원이다.

한편, 부채의 경우 유동부채가 1조2110억원이나 되고 고정부채는 1조2057억원인데 이 중 사채가 7931억원이며 장기차입금이 2909억원이나 되어 향후 부채 상환이 순조롭게 이루어질 수 있을지가 관건이라고 해도 과언이 아니다.

사채의 만기를 살펴보면 2006년에 3000억원, 2007년에 3650억원, 2008년에 2300억원으로 되어 있어 투자자 입장에서는 사채 상환추이에도 관심을 가져야 된다. 또 원화장기차입금의 경우 2497억원이고, 외화장기차입금은 1004억원이다.

2005년 3/4분기 말 기준으로 효성에서 보유하고 있는 주식의 내용을 살펴보면, KT프리텔 789억원, 금호타이어 181억원, 대한유화 180억원, SK텔레콤 161억원 등으로 전체 매도가능증권이 1547억원의 대부분을 차지하고 있다.

한편, 지분법적용투자주식의 경우 5481억원이나 되는데 이 중 해외에 있는 자회사들이 80% 이상을 차지하고 있어 실제 환금가치와 장부가액의 차이가 어느 정도 좁혀질 수 있느냐가 관건이라고 봐야 한다.

(주)카프로의 경우 841만주를 보유하고 있는데 취득원가는 91억원이고 장부가액은 341억원이다.

효성의 관계회사 지분현황을 살펴보면, 지분 100%를 보유하고 있는 회사로는 텔레서비스(주), 효성이노테크(주), 효성캐피탈(주), 효성트랜스월드(주)를 들 수 있다.

이밖에 지분을 50% 이상 보유하고 있는 회사로는 더클래스효성(주) 84.75%, 홍진데이타서비스(주) 65.5%, 효성건설(주) 50.5%, 효성에바라(주) 67%, 효성에바라환경엔지니어링(주) 81.3%, 효성인포메이션시스템(주)

50%, 효성투자개발(주) 58.7% 등이다.

해외 관계회사의 경우, 효성이 지분 100%를 보유한 회사가 15개나 되며 이 외에도 8개 회사가 더 있는 것으로 알려졌다.

효성의 타 법인 출자현황을 살펴보면, 상장회사인 (주)카프로의 주식 841만주인 21%를 보유하고 있고, 대한유화공업의 주식을 56만주인 6.8%를 가졌다고 공시했다.

효성의 최대주주들과 특수관계인들의 주식 소유 현황을 살펴보면, 효성그룹의 최대주주는 조석래 회장이 354만주를 보유, 10.7%의 지분을 갖고 있으며 특수관계인 8명을 포함하면 30.7%이다.

주식분포 상황을 보면, 개인 소액주주가 39.0%인 1283만주를 보유하고 있어 주식의 유동성은 매우 큰 편인데 이에 따라 소폭의 주가상승에도 불구하고 주가차익을 얻으려는 매물이 손쉽게 쏟아져 나오는 바람에 주가상승세를 지속하는 데 부담요인으로 작용하기도 한다.

효성은 해외 신주인수권부사채(BW)를 발행했는데 오는 2009년 7월 21일까지 행사될 금액이 191억달러(1주당 행사가격 6971원)이다. 주식 수로는 33만주가 남아 있어 그리 많은 물량은 아니지만 주가에 다소 부담이 된다.

무역부문 비중이 30%나 되고 섬유, 화학 등도 중국과 밀접한 관계를 가지고 있어, 위안화 절상의 영향을 받을 가능성이 크다. 중국의 위안화 절상은 대체로 원화 강세를 동반하기 때문에 우리 수출 기업에 부정적인 것이 현실이다.

하지만 효성은 한국 내수시장에서 중국산 수입품과도 경합하고 있어, 오히려 수익성 개선에 도움을 받을 수도 있는 양면성을 지녔다.

또 효성의 매도가능증권이 1547억원이고, 지분법적용투자주식도 5481억원이나 되는데 이는 부채가 많은 효성의 입장에서 자금의 효율적인 이용에 부담으로 남는다.

특히 관계회사 가운데 해외 기업들의 경우, 정확한 기업내용을 알기가 힘들고 또 기업의 가치평가 역시 투명성이 결여되어 장부가와 실제 환금가치와의 괴리가 클 가능성도 배제할 수 없는 게 현실이다. 이 역시 효성의 주가상승시 발목을 잡는 한 요인으로 작용하는 듯하다.

　그리고 앞서 말했지만 부채의 경우 사채가 7931억원이며 장기차입금이 2909억원이나 되어 향후 부채 상환이 순조롭게 이루어질 수 있을지도 주가의 향방을 가름할 수 있는 관건이라고 봐야 한다.

CEO 엿보기

늦었으되 어리석지 않은 뚝심 기업인

'만우'란 호를 지은, 고 조홍제 효성그룹 창업주는 이병철 삼성그룹 창업주와 결별한 직후 이 아호를 지었다. '만우'란 뜻은 '늦되고 어리석다'는 뜻이다. '결코 늦되지도 어리석지도 말자'는 자신에 대한 채찍질이자 하나의 신념에서 이 아호를 지은 것으로 전해진다.

조 창업주는 인생의 모든 부분이 늦게 시작됐다. 19세에 중학교에 입학해서 30세에 대학을 졸업했다. 40대에 사업을 시작했으며 56세에 홀로 기업을 창업했다.

사실 그는 늦었으되 어리석지 않았다는 평가를 받는 인물이다. 효성그룹의 모기업인 효성물산을 창업한 후 조 창업주는 하는 일마다 모두 성공을 거뒀다. 그는 창업 20여 년 만에 국내 10대 재벌로 급부상하기도 했다.

조홍제 창업주의 색다른 경영론

조 창업주가 56세에 일으킨 '지각기업'이라는 별명을 들었던 효성그룹은 다른 그룹과 달리 일찍부터 자신의 2세인 3형제에게 그룹을 분가했다. 이 결과 '한 지붕 세 가족'의 그룹 형태를 이루었다.

효성이라는 이름 밑에 3형제가 독자적으로 운영하는 각 기업에는 아들 3형제의 장인과 처남들이 회장과 고문 등의 직함을 갖고 사위와 매제를 돕고 있다.

조 창업주가 생전에 자제들에게 그룹 할양을 끝낸 것은 그의 건강이 악화됐기 때문이기도 하지만 그가 삼성그룹 고 이병철 창업주와의 동업을 통해 '식구끼리라도 재산 분배는 빠를수록 좋다'는 교훈을 얻었기 때문인 것으로 풀이된다.

조 창업주는 해방 후 서울로 상경해 삼성그룹 이병철 창업주에게 1천만 환을 출자하면서 삼성경영에 참여했다.

그후 조 창업주는 삼성을 떠나 56세의 늦은 나이에 (주)효성물산을 창업했다. 그는 효성의 주력업종을 무엇으로 할지에 대해 무려 60여 개 업종을 검토했다고 한다.

결국 주력업종을 나일론으로 결정한 조 창업주는 1966년 울산에 동양나일론 공장을 지었다. 동양나일론은 3~4년 사이에 선발기업이던 한일나일론을 흡수합병하고 한국나일론(현 코오롱)을 제치고 최대 나일론 기업으로 부상했다.

조 창업주는 그룹이 규모를 갖추기 시작한 1970년대 초부터 자신의 2세인 3형제에 대한 재산분배에 착수했다. 그는 주력기업인 효성물산과 동양나일론은 장남인 조석래씨에게, 한국타이어는 차남인 조양래씨에게, 대전피혁은 3남인 조욱래씨에게 경영을 맡겼다.

조 창업주는 아들들의 성격과 자질을 고려, 분가의 방향을 결정한 것으로도 유명하다.

또 조 창업주가 세 아들에게 좌우명을 써준 것도 유명하다. 장남에게는 덕을 높이고 사업을 넓혀나가길 바라는 뜻에서 '숭덕광업', 차남에게는 쉬지 않

고 스스로 힘을 기르라는 뜻에서 '자강불식' 이라는 좌우명을 붓으로 써주었
다.

그리고 막내에게는 넘치는 의욕을 갖고 항상 대비하는 자세를 가져달라는
뜻에서 '유비무환' 이라는 좌우명을 지어줬다. 그가 남긴 좌우명은 아직도 3
형제의 각 사무실에 걸려 있다고 한다.

차기 효성그룹 후계자는 누구?

조 창업주의 장남인 효성그룹 조석래 회장 슬하의 3형제는 최근 경영권 승
계를 위한 그룹 안팎의 각종 정지작업을 한창 진행하는 등 약진이 두드러진
다.

아들이면서 효성그룹의 대주주인 조현준 전략본부 부사장과 조현문, 조현
상 경영전략 전무와 상무는 2005년 5월에 수차례에 걸쳐 보유지분을 대폭
늘렸다.

장남 조현준 부사장은 5월 한 달 동안 12만8910주를 매수하는 등 지난 3월
말부터 8월 6일까지 60만3846주를 추가 매입했다. 현재 그의 지분율은 총
주식수 239만8074주로 7.29%이다.

둘째 조현문 효성 전략본부 경영혁신팀담당 전무도 2005년 2월 말부터 8
월 초까지 꾸준히 지분을 매입해 총 226만3390주로 지분율이 6.88%에 이른
다.

셋째 조현상 효성 전략본부 경영혁신팀담당 상무 역시 2005년 2월 말부터
8월 초까지 꾸준히 장내매입을 통해 225만1040주를 매수해 총 지분율이
6.85%를 기록했다.

재계는 3형제가 안정적인 경영권 승계를 위해 지분매입을 지속하고 있는
것으로 분석한다.

종목3
064420

___케이피케미칼

“단기적 하락세에도 불구, 뛰어난 성장세 예상”

케이피케미칼의 매력포인트

우리가 지금까지 보아온 롯데그룹에 속한 회사들은 대부분이 먹고 마시고 즐기는 데 관련된 식품이나 유통, 관광, 레저와 관련된 회사들이 대부분이었다. 하지만 롯데그룹은 2004년부터 석유화학 업종에 본격적으로 진출했다.

롯데그룹은 호남석유화학이란 회사를 일찍부터 가지고 있었는데 이 회사의 지분현황을 살펴보면, 롯데물산이 33.6%, 호텔롯데가 13.6%이었다.

롯데그룹은 또 2003년 대산석유화학 단지에 있는 현대석유화학을 LG그룹과 공동으로 경영하였다. 그러다 1단지는 LG대산유화로 됐고, 2단지는 롯데대산유화라는 신설법인으로 분할되어 롯데그룹에서 100% 지분을 보유하게 되었다.

그러던 중 2004년 11월 호남석유화학이 케이피케미칼 5100만주인 52.5%의 지분를 인수해 석유화학 분야에서 정유부분을 제외하고 수직계열화를 이루게 됐다.

호남석유화학의 종업원 1인당 벌어들이는 순이익은 상장기업 중 1위를 차지할 정도로 알토란과 같은 회사다. 이 회사의 2004년 매출액은 2조원에 가까우며, 당기순이익은 5300억원을 기록했다.

케이피케미칼도 2004년 1조5100억원의 매출을 기록했고 현대석유화학도

2조3000억원의 매출(절반은 롯데그룹 부분)을 기록한 점을 감안하면 연 매출 5조원을 석유화학 부문에서 기록한 셈이다.

롯데백화점의 연 매출이 7조원인 것을 감안하면 그룹 내에서 아주 큰 비중을 차지하고 있음을 알 수 있다. 특히 신격호 회장의 2남인 신동빈 롯데그룹 부회장이 호남석유화학의 대표이사로 취임하여 석유화학 부문이 주력기업의 한 축으로 발전할 가능성이 높다는 점도 주가상승의 매력으로 작용한다.

이밖에도 롯데그룹은 2008년까지 1조원 이상을 석유화학 부문에 투자할 예정이다. 또 2014년까지 석유화학 부문의 매출을 10조원으로 예상하고 있다.

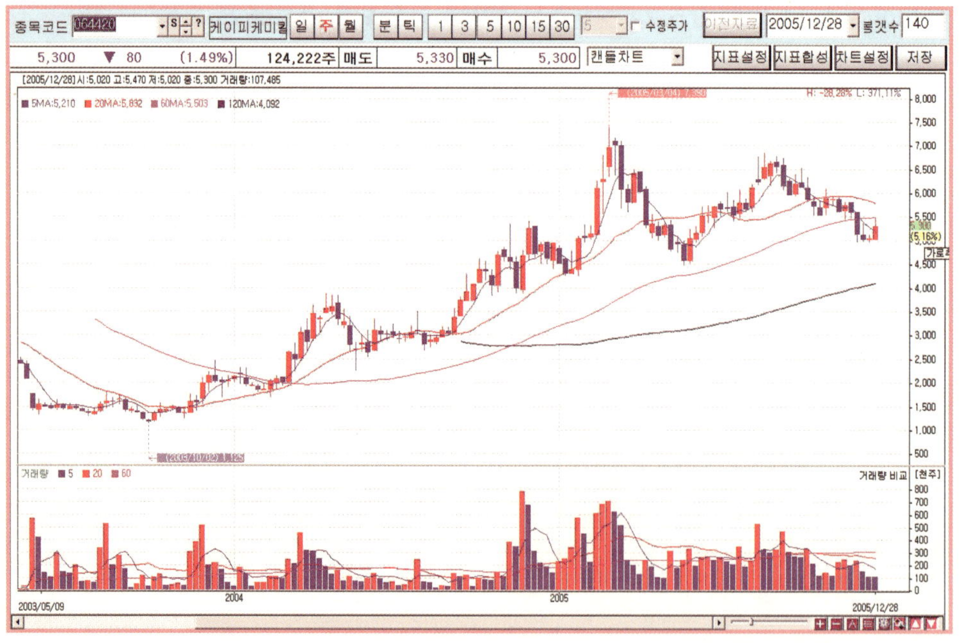

〈표1〉 케이피케미칼 주봉

　　호남석유화학도 좋은 회사이기는 하지만 주가가 이미 5만원을 넘어선 상태여서 5~6천원 부근에 머물고 있는 케이피케미칼의 주가에 관심을 가질 필요가 있다.

　　케이피케미칼은 2005년 상반기에 매출 13.1% 증가, 영업이익 30.2% 증가, 당기순이익 69.5% 증가하여 수익성이 호전중이며 신용등급의 상향조정이 있었고 차입금 규모도 대폭 줄었다.

탐구＆분석① 케 이 피 케 미 칼 바 로 알 기

케이피케미칼은 2001년 12월 28일 고합(주)에서 인적 분할하여 석유화학 전문기업으로 설립됐다. 2002년 6월에는 증권선물거래소에 상장했다.

케이피케미칼은 2004년 11월 9일 호남석유화학(주)가 주식 5100만주인 지분 53.7%를 인수하면서 롯데그룹 관계회사로 편입되었다.

■ 생산규모 국내 1위 고수하는 케이피케미칼

케이피케미칼은 각각 5만평과 4만평 규모의 울산1, 2공장에 구축된 일관생산체제에서 연간 PX(70만톤) → PTA(110만톤) → PPR(40만톤), MeX(6만톤) → PIA(7만톤) 제품을 생산하고 있다. 생산 규모는 PIA 국내 1위(세계 4위), PPR 국내 1위(세계 7위), PX 국내 2위, PTA 국내 3위를 자랑한다.

생산체제는 정유공장에서 분리한 기초 원료 MX를 구입해 PX와 MeX(메타자일렌)를 생산하고 후속 공정의 원료로 사용하는 전 세계에서 유일한 일관시스템으로, 공정을 단순화하고 부대시설을 공유하여 투자비 · 물류비 · 인건비 등을 획기적으로 절감하고 고부가가치 제품을 생산하는 회사이다. 제품은

90% 이상을 전 세계로 판매하고 있다.

한편, 케이피케미칼의 매출 실적을 살펴보면, 유화사업 부문의 품목 가운데 PTA는 2004년 말 5765억원에서 2005년 3/4분기 3856억원인 것으로 공시되었다. 수지사업 부문의 PPR은 2004년 3937억원이었는데 2005년 3/4분기까지 3451억원의 수출을 기록했다.

케이피케미칼의 자본금은 4858억원인데 채권금융기관의 이견으로 서울보증보험이 출자전환을 이루지 못한 금액이 58억원이다.

(단위 : 백만원)

구 분	제5분기	제4기	제3기	제2기	제1기
[유동자산]	446,833	404,616	308,918	300,844	196,560
· 당좌자산	326,078	209,719	136,795	174,182	73,866
· 재고자산	120,755	194,897	172,123	126,662	122,694
[고정자산]	677,770	738,142	758,815	846,336	923,075
· 투자자산	101,715	103,492	41,269	39,583	40,274
· 유형자산	576,055	634,650	717,546	806,753	882,801
· 무형자산	-	-	-	-	-
자산총계	1,124,603	1,142,758	1,067,733	1,147,180	1,119,635
[유동부채]	500,271	603,861	357,510	372,607	286,199
[고정부채]	11,878	9,051	249,463	320,732	408,501
부채총계	512,149	612,913	606,973	693,339	694,700
[자본금]	485,848	485,848	474,138	474,138	28,012
[자본잉여금]	-	-	-	-	-
· 자본준비금	-	-	-	-	-
· 재평가적립금	-	-	-	-	-
[이익잉여금]	120,843	69,168	17,329	34,492	5,399
[자본조정]	5,763	(-)25,171	(-)30,707	(-)54,789	391,524
자본총계	612,454	529,845	460,760	453,841	424,935
매출액	1,166,311	1,512,796	1,115,173	1,080,310	1,992
영업이익	107,107	123,234	30,584	49,135	(-)522
경상이익	113,860	109,747	9,336	52,067	(-)2,689
당기순이익	82,608	69,168	6,938	29,093	(-)2,689

〈표2〉 요약재무정보

케이피케미칼의 총자산은 1조1246억원인데 부채는 5121억원이다. 또 자본금은 4858억원이고 이익잉여금이 1208억원인 것으로 나타나 있다.

매출액 추이를 살펴보면, 2002년에 1조803억원에서 2003년에는 1조1151억원, 2004년에는 1조5127억원으로 증가했다. 2005년 3/4분기까지 1조1663억원으로 나타나 2005년 매출증대에 대한 기대감이 큰 편이다.

영업이익은 2002년부터 491억원, 2003년에는 305억원, 2004년에는 1232억원, 2005년 3/4분기까지 1071억원으로 증가세를 보여줬다.

당기순이익의 경우 2002년에는 290억원, 2003년에는 69억원, 2004년에는 691억원, 2005년 3/4분기까지 826억원으로 수익성 호조가 계속되고 있음을 알 수 있다.

케이피케미칼의 재무제표를 살펴보면, 유동자산에 속하는 현금 및 현금등가물이 1650억원이고, 고정자산에 속하는 매도가능증권이 68억원, 지분법적용투자주식은 246억원이다. 또 보유 토지의 장부가는 274억원이다.

케이피케미칼의 주식분포 현황

케이피케미칼의 주식분포를 살펴보면, 최대주주는 호남석유화학(주)로 52.4%를 보유중이다. 주식수로는 5100만주다.

주식분포 현황을 살펴보면, 5% 이상 주주들로는 호남석유화학을 비롯해 산업은행과 우리은행이 각각 8.7%씩 소유하고 있다. 개인 소액주주들의 지분은 11.1%로 1084만주를 가지고 있으며 법인소액주주도 11%인 1029만주이다.

한편, 케이피케미칼의 타 법인 출자현황을 살펴보면 국내 비상장 지분법적용투자주식으로는 (주)케이피켐텍이 있는데 1만주를 소유해 100%의 지분율을 나타내며 이 주식의 장부가액은 현재 243억원인 것으로 나타났다.

탐구&분석② 케이피케미칼의 약점

케이피케미칼의 약점은 자본금이 너무 커서 주가가 조금만 올라도 팔자 물량이 쏟아져 나와 주가 상승을 제한한다는 점이다.

실적이 호전되고 있기는 하지만 전체 자본금 규모에 비해 주가 상승을 이끌 만큼 영향을 미치지 못하고 있는 듯하다.

시장의 특성상 장기투자 종목으로는 유망하지만 단기적으로는 주가 상승의 한계를 가지고 있다는 점도 유의해야 하며 이런 이유 때문에 투자자들의 관심이 멀어지고 있기도 하다는 점을 간과해서는 안 된다.

특히 케이피케미칼의 2005년도 4/4분기 영업전망이 그리 낙관적이지만은 않은데 이런 이유로 인해 2005년 4/4분기 들어 주가가 한 단계 내려앉는 모습을 보이기도 했다.

더구나 2006년과 오는 2007년 예상 평균 영업이익이 1026억원 수준으로 수익성이 크게 나아질 것으로 보이지 않다는 점도 주가의 부담으로 작용한다.

여기에 서울보증보험의 채권 출자 전환으로 116만주 규모의 신규 상장이 진행될 수 있어 채권단 주주의 잠재 매물도 약점이 되는 상황이다.

이렇게 볼 때 케이피케미칼은 그야말로 장기투자종목으로 관심을 가져야 할 것으로 여겨진다.

__태평양

“시장 지배력 1위의 전통기업”

태 평 양 의　매 력 포 인 트

지배구조 변화를 통한 주가상승 기대

태평양 화장품은 시장의 지배력 1위로 실적호전 추세를 보이는 종목이다.

화장품 시장의 점유율이 상승중이며 해외시장에 대한 매출도 증가세를 나타내고 있다.

태평양은 높은 수익성을 보여주고 있는데 당기순이익이 2000년 847억원, 2001년 1170억원, 2002년 1345억원, 2003년 1867억원, 2004년 1500억원으로 다소 둔화된 모습을 보이기는 했으나 2005년 상반기 1188억원으로 다시 호전 추세이다.

또 자본금 510억원에 자본잉여금 1910억원, 이익잉여금 7255억원으로 유보율 2000%를 넘어설 정도의 탄탄한 재무구조를 지녔다. 여기에 현금 및 현금등가물 943억원, 단기금융상품 2558억원, 토지 1898억원(공시지가 2654억원)으로 가용자금과 부동산 가치가 높다.

태평양은 2005년 8월 퍼시픽글래스(구 태평양 종합산업)를 합병하여 자본금이 530억원으로 증가했다. 보통주 890만주 우선주 170만주를 발행했는데 자사주 펀드로 46만주와 특정금전신탁으로 25만주를 보유했다.

지주회사로의 체제 전환을 준비중에 있어 지배구조의 변화를 통한 주가상승을 기대해도 나쁘지 않다.

기업분할 이후 시가총액 7.3% 증가

화장품시장에서 '부동의 1위'를 지키고 있는 태평양은 2006년 역시 전망이 밝다.

브랜드숍 '휴플레이스'로의 전환이 완료돼 판매단가 상승이 예상되고 '설화수' 등 고가 화장품 매출이 꾸준히 성장할 것으로 전망되기 때문이다.

태평양은 기업분할이라는 큰 모멘텀도 갖고 있다. 태평양은 2006년까지 합병과 인적·물적 분할을 거쳐 태평양지주회사가 태평양, 퍼시픽글라스, 장원산업, 기타 자회사를 거느리는 형태의 지배구조를 완성하겠다고 밝혔다.

이 같은 지주회사로의 변화는 기업의 투명성 증대, 출자리스크 해소, 자본감소에 따른 주당순이익(EPS), 자기자본이익률(ROE) 증가 등 효과를 가져 올 것이며 태평양의 시가총액이 기업분할 이후 오히려 증가할 가능성이 많아 보인다.

태평양 … 상장 후 31년 연속 흑자 대기록

태평양은 1945년 설립돼 지난 60년간 국내 화장품업계를 이끌어온 선두업체다. 이 회사는 1973년 상장 이후 지난해까지 '31년 연속 흑자'라는 대기록을 세우며 국내 최고의 화장품 기업으로 위상을 굳혀 왔다.

400여 개 제조회사가 난립하고 있는 국내 화장품 시장에서 이 회사의 점유율은 올 상반기 현재 35.3%에 달한다. 2위 업체와의 점유율 차이가 2배를 넘는다.

태평양은 지난해 매출 1조1053억원과 영업이익 1949억원을 올렸으며, 순이익의 내부 유보 및 양호한 자금 창출력에 기반해 지난 2001년 이후 무차입 경영을 지속적으로 유지하는 등 재무적 안정성도 뛰어나다.

생산과 연구뿐 아니라 마케팅과 영업 지원 등 사내 전 부문에 걸쳐 '6시그마'를 도입해 강도 높은 경영혁신을 통해 수익성 높은 기업으로 자리매김해 왔다.

태평양은 핵심 역량 강화와 기업가치 극대화를 위해 2006년에 본격적인 지주회사 체제로 전환할 계획이다. 이를 위해 퍼시픽글라스와 장원산업 합병 등 지주회사 전환을 위한 작업을 순조롭게 진행하고 있다.

태평양이 추진중인 사업부문의 시장 특성

◆ 화장품 부문

국내 화장품 시장의 전면 개방으로 세계의 유수한 화장품 회사들이 이미 상당수 국내에 들어와 있으며, 이에 따라 국내시장의 경쟁은 더욱더 치열해지고 있는 상황이다. 현재 태평양은 우리 고유의 문화, 전통을 접목한 제품 등 신제품의 개발과 브랜드 이미지 제고 등 경쟁력을 기르기 위해 노력중이다.

◆ 생활용품 부문

생활용품은 소비자의 기호에 따라 구매패턴이 달라 소비자의 니즈에 부합되는 마케팅 전략이 구사되어야 하며 소비자가 원하는 차별화한 제품개발이 가장 중요한 요소이며, 유통환경의 변화에 따른 신속한 대응 또한 필요하다.

◆ 건강(녹차) 부문

전반적인 노령화 추세, 건강한 생활에 대한 관심의 증가 등으로 녹차에 대한 관심이 증가되면서 녹차와 관련한 여러 가지 상품이 경쟁적으로 시장에 흘러나오고 있고 , 녹차의 효능에 관한 연구 자료 외에도 실생활 속에 응용된 녹차 등 국내 녹차시장은 꾸준히 성장 추세이다.

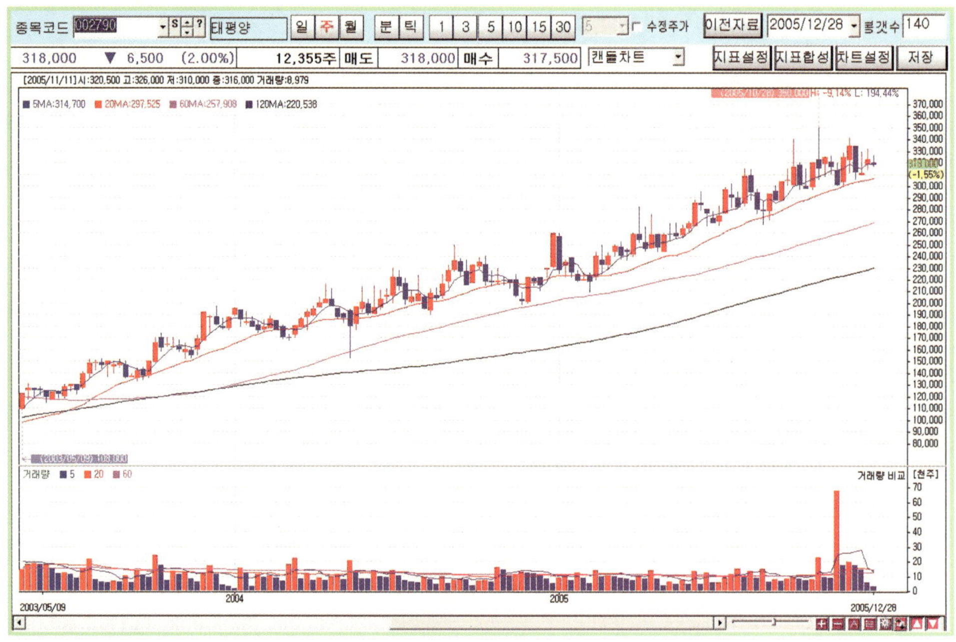

〈표1〉 태평양 주봉

글로벌 톱10 진입한 태평양 60년 전통

2005년은 태평양 창립 60주년이 되는 매우 뜻깊은 해이다. 태평양은 창업 이래 정직과 신용으로 고객에게 최상의 품질과 서비스를 제공하고 끊임없는 자기 혁신을 통해 기업 체질을 개선하며 위기를 재도약의 발판으로 삼아왔다.

태평양은 이러한 창업정신을 바탕으로 신속한 시장대응과 고객중심경영을 통해 '고객의 미와 건강을 위해 토탈케어를 제공하는 글로벌 기업'으로 성장해 나가도록 한다는 방침이다.

태평양의 경영 목적은 2015년 글로벌 톱10에 진입한다는 계획이다. 화장품으로만 2015년에 40억 달러의 매출을 올리고, 이 중 30%는 해외에서 거둬들인다는 목표다.

이런 태평양의 경영 의지는 지주회사 설립으로 이어졌다. 선진적인 투명 지배구조 확립을 위해 태평양은 올해 자회사 퍼시픽글라스와 장원산업을 흡수 합병, 지주회사 설립을 적극 추진했다. 태평양은 내년 4월 이전 인적분할을 통해 태평양 사업부문을 자회사로 만들고 8월 이전까지 현물출자를 실시, 하반기부터 본격적인 지주회사 체제를 가동한다는 방침이다.

■ 부단히 노력하는 회사 … 태평양

태평양은 불확실한 환경 속에서도 고객과 시장의 변화에 빠르게 대응하고 강한 경쟁력을 갖춘 사업영역에 역량을 집중하여 수익성 있는 성장을 이끌어 내기 위해 부단히 노력하는 기업이다.

이러한 노력의 결과, 2005년 상반기에 태평양은 매출 6108억원과 영업이익 1451억원의 성과를 거두었다. 화장품 부문은 헤라, 설화수 등 우수한 경쟁력을 갖춘 프레스티지 상품의 지속적인 판매로 전년 동기 대비 0.4% 성장한 4870억원의 매출을, 매스뷰티 부문(생활용품)은 미쟝센 등 주요 브랜드의 판매호조로 12.5% 성장한 857억원의 매출을 기록했으며, 건강부문은 380억원의 매출을 올렸다.

고객들의 미적 욕구를 충족시키고 다양한 뷰티문화를 체험할 수 있는 휴플레이스는 2004년 7월 1호점 오픈을 시작으로 2005년 10월 말 현재 600여 개 점이 개설되어 쾌적한 쇼핑공간과 차별화된 서비스로 고객들로부터 좋은 반응을 얻고 있으며, 세계시장의 강한 기업으로 성장하기 위해 상해, 홍콩을 비롯한 아시아 각국은 물론 미국과 유럽 등에서 지속적인 글로벌전략을 추진해 나가는 중이다.

매출 비중을 살펴보면, 기초화장품과 메이컵 등의 제품을 생산하는 화장품 사업부문은 79.8%이며, 두발이나 구강관련 제품을 생산하는 매스뷰티 사업부문은 14.0%, 녹차 등 건강 사업부문의 매출은 6.2%이다.

태평양의 최근 3사업 연도 시장점유율 변동추이를 살펴보면, 2003년에는 27.5%, 2004년에는 30.7%, 2005년에는 32.3%인 것으로 나타났다. 태평양과의 경쟁사 시장점유율을 비교해 보면, LG생활건강 8.1%, 로레알(L' oreal) 4.1%, E.Lauder 4.4%, 코리아나 3.6%, 한국화장품 2.1% 기타 45.4%이다.

2005년 3/4분기 말 현재 태평양의 총자산은 1조2765억원, 부채는 2360억원이다. 자본금은 510억원인데 비해 자본잉여금이 1910억원, 이익잉여금이

8205억원이나 된다.

태평양의 매출액은 2002년 1조887억원이며, 2003년에는 1조1198억원, 2004년에는 1조2052억원이고 2005년 3/4분기에는 9012억원을 기록했다.

영업이익의 경우도 지난 2001년 1636억원에서 2004년 1948억원으로 꾸준한 모습이며 2005년 3/4분기에도 1894억원으로 성장세를 유지중이다.

(단위 : 백만원)

구 분	제47기 3분기	제 46 기	제 45기	제 44기	제 43기
[유동자산]	665,430	475,555	413,454	295,536	252,595
· 당좌자산	583,020	397,545	330,253	203,543	171,524
· 재고자산	82,409	78,010	83,201	91,993	81,071
[고정자산]	706,382	718,419	689,136	641,311	592,724
· 투자자산	218,982	288,451	278,963	216,387	179,570
· 유형자산	472,165	412,981	395,766	407,784	405,894
· 무형자산	15,236	16,987	14,406	17,140	7,260
자산총계	1,371,812	1,193,973	1,102,590	936,847	845,318
[유동부채]	179,544	185,035	200,400	204,562	234,861
[고정부채]	77,302	63,284	80,792	72,965	57,512
부채총계	256,846	248,319	281,192	277,527	292,373
[자본금]	53,021	51,005	51,005	51,005	51,005
[자본잉여금]	348,104	191,035	191,035	191,035	191,035
· 주식발행초과금	173,434	16,366	16,366	16,366	16,366
· 기타자본잉여금	1,783	1,783	1,783	1,783	1,783
· 재평가적립금	172,887	172,887	172,887	172,887	172,887
[이익잉여금]	853,279	725,570	598,532	430,251	308,022
[자본조정]	(-)139,439	(-)21,956	(-)19,175	(-)12,971	2,883
자본총계	1,114,965	945,654	821,397	659,320	552,945
매출액	901,204	1,105,291	1,119,838	1,088,746	971,348
영업이익	189,484	194,866	188,217	159,720	163,646
경상이익	213,635	212,288	258,675	193,061	175,469
당기순이익	151,553	149,933	186,715	134,478	117,088

<표2> 요약재무정보

당기순이익의 경우도 2001년 1170억원에서 2002년에는 1930억원으로, 2003년에는 1867억원, 2004년에는 1499억원인 것으로 나타났다.

이어 2005년 3/4분기까지는 1515억원을 달성해 전체자본금 규모를 감안하면 납입자본금 이익률이 무려 300%에 근접할 정도로 높은 수익성을 이어간다.

한편, 재무제표를 살펴보면 유동자산에 속한 현금 및 현금등가물이 770억원, 단기금융상품이 3783억원이나 되고 고정자산에 속한 장기투자증권이 148억원, 지분법적용투자주식이 1523억원이나 된다.

또 태평양이 보유하고 있는 토지가 장부가로 2114억원이나 되어 자본금 규모에 비해 네 배나 되는 것으로 나타났다.

뿐만 아니라 2005년 3/4분기까지의 영업이익은 444억원이며 영업외 수익은 94억원인데 이 가운데 이자수익이 42억원임도 알 수 있다.

그리고 지분법적용투자주식의 내용을 보면, (주)퍼시픽글라스(구 태평양종합산업) 보통주를 237억원에 취득했으며 장부가액은 975억원이다. (주)태평양제약의 주식 122만주(52.5%)를 보유하고 있는데 이 주식의 취득원가는 118억원인데 비해 장부가는 249억원이다. 그리고 (주)아모스프로페셔널 주식 70만주(100%)를 보유하고 있는데 이 주식의 장부가는 186억원으로 기록되어 있다. (주)에뛰드의 주식 10만주(73.3%)를 71억원에 취득했는데 장부가는 95억원이다. 이밖에 퍼시픽 유럽 주식 5212만주를 보유해(98.6% 지분율) 장부가액으로는 501억원인 것으로 나온다.

한편, 보유중인 부동산을 살펴보면, 태평양은 인천시 가좌동의 물류사업소 부지를 98억원에 구입했다. 수원, 김천, 대전, 진천 등 공장 토지는 718억원이며, 기타 연구소는 1093억원이다. 이 같은 태평양의 부동산 장부가액은 1910억원인 것으로 나타났다.

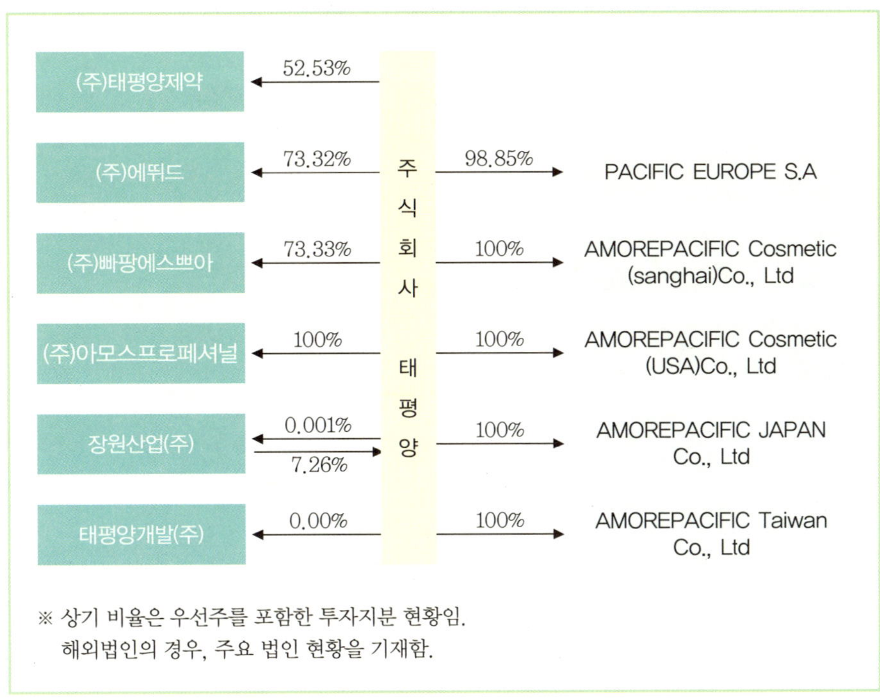

〈표3〉 계열회사 투자지분 현황

태평양은 (주)퍼시픽글라스에 66.24%, (주)태평양제약에 52.53%, (주)에뛰드에 73.32%를 출자중이며 (주)빠팡에스쁘아에 73.33%, (주)아모스프로페셔널에 100%, 장원산업(주)에 0.001%를 출자해 지분을 가지고 있다. 특히 이 가운데 (주)아모스프로페셔널은 장원산업(주)에 대해 1.86%의 지분을 보유하였다. 장원산업(주)도 7.26%의 (주)태평양 주식을 보유중이다.

태평양의 최대주주는 서경배 회장이며 서 회장은 보통주와 우선주를 각각 26.1%, 19.1% 보유하고 있다. 이밖에 서 회장을 비롯한 특수관계인 8명이 소유한 주식은 보통주 361만주로 42.5%, 우선주 44만주로 26.4%나 된다.

이밖에 5% 이상 주주들의 현황을 살펴보면, 서경배 회장과 장원산업이 각각 24.0%, 7.2%를 보유해 총 31.2%의 지분이다.

주식분포도를 살펴보면, 개인 소액주주가 2.8%로 29만주를 소유하고 있는 것을 알 수 있다.

탐구&분석② **태평양의 약점**

태평양은 높은 주가 수준에 비해 배당수익률이 1%에도 미치지 못해 배당 투자로의 유인책이 미흡한 실정이다.

제품의 판매 유통상 성장세가 둔화될 가능성도 배제하지 못한다. 2002년 이후 매출증가율이 둔화되고 있는 데서 알 수 있다.

또 지분법적용 회사들의 장부가가 2582억원(순자산 2489억원)인데 취득가는 1630억원으로 나온다. 순자산과 장부가 수준이 비슷해 비상장 회사들의 할인 요인이 제대로 반영 안 되고 있는 셈이다. 특히 해외법인들의 가치 적정성 문제가 부담으로 남는다.

특히 투자자 입장에서는 증자기대감이 큰 데 높은 유보율에도 불구하고 제대로 주가에 반영이 되지 않을 정도로 대주주가 관심을 가지고 있지 않다.

여기에 대주주와 특수관계인 지분이 40% 정도란 점, 외국인이 46%를 보유하고 있다는 점은 실제 유통되는 물량이 적을 수밖에 없음을 보여주는 단적인 예다.

한편, 태평양은 특수관계자인 퍼시픽 유럽 S.A.를 위해 277억원의 지급보증을 섰다.

CEO 엿보기

개성상인 성품으로 태평양을 반석 위로

신용과 근검절약을 밑천으로 하는 개성상인의 체취를 물씬 풍기는 기업인으로 유명한 고 서성환 태평양그룹 창업주는 화장품 업계의 전설적인 존재이다.

'미와 향을 파는 마케팅의 귀재' 로 잘 알려져 있는 서 창업주는 특히 다도에 나오는 '신중' 과 '평정' 의 대명사로도 유명하다.

서 창업주는 지난 2003년 1월 9일 향년 80세로 숨을 거뒀다. 그는 화장품 업계 거목일 뿐 아니라 50여 년간 재계의 존경을 받아온 개성상인으로도 손꼽힌다.

서 창업주는 1945년 해방이 되던 해 개성의 고려백화점에서 화장품점을 직접 경영했다. 1948년 서울로 이사한 서 창업주는 중구 회현동에 국내 첫 화장품 회사인 태평양화학공업사란 간판을 걸고 사업을 확대해 왔다.

창성상회 · 태평양화학 공업사로 출발

해방 직후인 1945년 서 창업주는 한국 최초의 화장품 회사인 태평양화학공업사를 창립했다. '태평양'이란 상호는 누구나 잘 아는 바다 이름이며, '웅지를 나타낸다'는 뜻에서 붙여졌다.

태평양화학공업사는 지금의 태평양그룹의 전신인 셈이다.

특히 그는 도매상을 배제하고 소매상과 직접 거래하는 특약점제도를 도입하고, 미용사원제도, 아모레 아줌마 등 독특한 방문판매 전략을 구사해 한국 화장품 유통에 전기를 마련하는 한편, 태평양을 국내 최대의 화장품업체로 끌어올렸다.

1970년대부터 그룹의 면모를 갖추기 시작한 태평양은 제약 · 식품 · 보험 · 증권 · 전자 · 금속 등 다양한 사업에 진출했다.

나누며 사는 기업 '태평양'

태평양은 화장품 업계에서 국내 1위일 뿐 아니라, 사회공헌 점수도 상당히 높이 평가받고 있는 기업이다. 특히 2005년으로 창립 60주년을 맞은 태평양의 사회공헌 활동은 1960년대 서성환 태평양 창업주의 경영이념이기도 하다.

거슬러 올라가 서 창업주가 경영하던 1960년대에도 태평양의 사회공헌 활동은 활발했다.

서경배 태평양 사장은 부친이었던 선대 서 창업주의 뜻을 받들어, 기업의 사회공헌에 대해 굳은 의지를 보인다. 서 사장은 사회공헌에 대해 회사에 대한 호전적인 이미지를 구축하기 위한 것이기보다 '좋은 시민'으로서의 역할이 더 큰 목적이라고 강조하는 것으로 알려졌다. 그는 "기업은 혼자 살 수 없고 사회 속에서 살아야 한다"는 것을 일찌감치 아버지로부터 배운 인물이다.

"좋은 상품을 만들어서 고객을 기쁘게 한 뒤 기업의 재정이 안정되면 사회에 공헌해야 한다"고 입버릇처럼 말하던 서 창업주의 이념까지 판박이처럼 이어받은 게 바로 서경배 사장이다.

태평양은 그동안 문화적인 활동에도 두드러진 활약을 보였다. 2005년 12월 초에도 방문판매원이면서 '주력 부대'인 '아모레 카운셀러'의 활약 등 불우이웃을 위한 움직임이 활발한 실정이다. '아모레 카운셀러 봉사단' 활동은 방문판매를 하는 여성들의 조직이 중심이 돼서 펼치는 활동이다.

__SK케미칼

"실적이 선반영된 안정적인 종목"

SK케미칼의 매력포인트

2005년 상반기와 3/4분기 실적이 발표된 이후 SK케미칼은 한 주당 순이익인 EPS 증가율이 높은 종목에 속하여 투자자들의 관심을 받은 적이 있다.

SK케미칼은 2005년 3/4분기 보고서를 통해서도 알 수 있듯이 괄목할 만한 성장세를 거듭했다. 이미 2005년 3/4분기 매출이나 영업이익이 2004년 수준을 넘어선 상태다.

주가도 이러한 실적을 미리 반영하는 것처럼 SK케미칼은 2005년 4월부터 강한 상승기조를 이어가고 있는 추세다.

특히 SK케미칼은 바이오 관련 주로도 주목을 받았다. 이는 바이오 벤처인 인투젠과 공동으로 발기부전 치료제인 신약 'SK-3530'의 임상 3단계 실험 진행을 계획하고 있어서이다.

지난 1998년부터 공동개발에 착수해 왔던 SK케미칼은 2005년 3월 임상 2단계 실험에 성공한 바 있다. 현재 추세로 보아 2006년 3월엔 임상실험을 완료하고 2007년 제품을 출시할 계획인 것으로 관측된다.

SK케미칼의 경우, 동신제약과 인투젠의 지분을 소유하고 있는데 이에 앞서 SK제약을 합병한 바 있어, 제약부문이 화학부문보다 주가에 더 좋은 재료로 작용하고 있다는 점도 알아둘 필요가 있다. 더구나 SK케미칼은 준 지주회사로서의 자산가치가 부각되고 있고, 특히 개발 가능성이 높은 수원공장 부지도 관심의 대상이다.

SK케미칼, 중국 의약시장 본격 진출

SK케미칼은 관절염 치료제 트라스트 패취로 중국 의약품 시장에 본격 진출한다. SK케미칼 생명과학 부문은 지난 1997년부터 준비해 왔던 중국 마케팅 법인설립을 위한 행정 절차를 모두 마무리짓고 2005년 11월 23일 중국 베이징 법인 개소식을 가졌다.

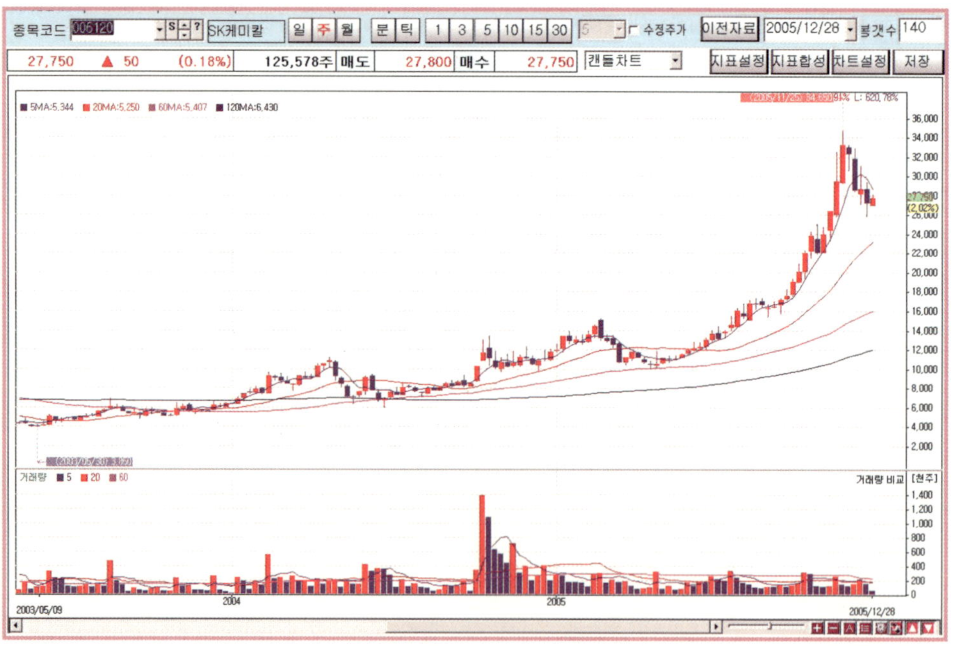

〈표1〉 SK케미칼 주봉

국내 제약회사로는 최초로 마케팅 법인으로 설립된 SK북경의약과기유한공사는 2005년 9월 중국 공상국으로부터 영업허가증을 받았으며, 10월 국세 및 세관 등기와 법인등록 자본금 납입을 완료했다.

현재 SK북경의약과기유한공사는 관절염 치료제 트라스트 패취의 현지 임상시험을 완료하고 2006년 2월 중국 식품의약품관리감독국(SFDA) 승인과 6월 현지 의료보험 의약품 명단 등재를 앞둔 상황이다.

중국 의약품 시장 규모는 전 세계 시장의 2%인 약 90억달러 수준(2003년 IMS자료)이지만 높은 경제 성장률과 고령인구 증가에 따른 의료비의 급속한 증가로 2003년 이후 매년 평균 10% 이상의 급속한 성장률을 기록하고 있다.

SK북경의약과기유한공사는 오는 2009년까지 연 500억원 이상의 현지 매출 달성이 가능할 것으로 예상한다.

탐구&분석 ①　**SK케미칼 바로알기**

■ 선경화섬에서 시작된 SK케미칼의 역사

SK케미칼은 1966년 선경화섬이란 이름으로 설립되었다. 1976년 선경합섬 (주)에서 선경화섬을 흡수합병하는 방법으로 회사는 하나가 됐고 이후 도약 및 꾸준히 성장을 거듭하다가 1988년 선경인더스트리로 상호가 바뀌었다.

선경인더스트리는 다시 SK케미칼로 상호를 변경했다. SK케미칼은 2003 년 직물사업을 철수하고, 2004년부터 솔벤트 사업에 진출했으며, 2005년 SK제약과 합병했다.

이 과정에서 '선경'은 'SK'로 변경됐다.

특히 2000년 11월 1일 폴리에스터 사업부문의 양도를 통해 (주)휴비스를 설립했는데 이 회사는 동종업체인 삼양사와 함께 폴리에스터 장섬유, 단섬유 부문의 시설물 등을 현물출자하는 방식으로 50:50으로 설립했다.

이후 SK케미칼은 2005년 10월 초 회사의 석유화학 부문을 분리해 신규법 인인 'SK석유화학'을 12월 1일 설립했다. SK석유화학은 100% 자회사로 물 적 분할 방식에 의해 설립된 별도 법인이다. SK석유화학은 폴리에스테르의 원료인 테레프탈산(PTA)과 디메틸테레프탈산(DMT)을 주력으로 하는 유화 전 문 기업이다.

생명과학과 정밀화학 집중 육성

석유화학 부문이 분리된 SK케미칼은 신성장 미래산업인 생명과학과 정밀화학 부문을 집중 육성할 방침인 것으로 알려졌다.

특히 SK케미칼이 차세대 성장동력으로 삼고 있는 생명과학 부문은 지난 2005년 4월 SK제약을 합병한 뒤부터 더욱 강화되고 있다.

생명과학 부문은 트라스트, 조인스, 기넥신 등 히트상품을 기반으로 최근 4년간 연평균 매출액 증가율 30%를 훨씬 웃도는 등 고성장을 지속하고 있다. 여기에 앞으로 발기부전치료제와 항궤양제 등 신규 아이템 제품화를 앞둔 상황이다.

SK케미칼 부문별 추진사업 현황

SK그룹의 계열사 가운데 하나인 SK케미칼은 생명과학과 정밀화학 분야에서 세계일류기업이 되기 위한 노력을 계속하고 있다. 생명과학연구소의 신약 개발 능력과 2001년에 동신제약을 인수한 후, 2005년 SK제약 합병을 통해 생명과학 부문 성장의 기반을 마련했다. 천연물 관절염 치료제의 성공적인 개발, 판매에 이어 성기능개선 치료제가 이미 임상실험중이다.

정밀화학 분야는 신규사업인 고기능성수지가 성공적인 시장진입을 이뤘으며, TPU증설 물량 판매 등으로 SK케미칼의 핵심사업 분야로 자리잡았다.

◆ 생명과학 부문

지난 1999년 국내 신약 1호인 항암제 '선플라'와 2001년 천연물 신약 1호인 '조이스'의 개발 성공으로 이미 연구개발력을 인정받은 SK케미칼은 혈액순환제 '기넥신 에프', 붙이는 관절염 치료제 '트라스트 패취' 등의 강력한

파워 브랜드를 보유, 국내 제약시장의 새로운 강자로 주목 대상이다.

특히 지난 2004년 하반기 고혈압 치료제 '스카드'의 성공적인 시장 진입으로 새로운 성장 기반을 추가했고 현재 발기부전 치료제 신약이 2006년 하반기 출시를 목표로 임상 3상을 진행중에 있다. 천연물 치매 치료제 및 통풍 치료제 등도 미래 전략 품목으로 기대를 모은다. 여기에 거대 시장인 중국 진출을 위해 트라스트 패취 등 2~3개 브랜드의 중국내 판매허가를 진행중이다.

◆ 석유화학 사업(아세테이트 섬유 외)

PTA 분야는 SK케미칼의 중요한 캐쉬카우 역할을 수행한다. PTA는 중국 시장의 수요증가로 가격상승이 이루어져 수익성이 개선되고 있다. 2006년에도 중국의 섬유 수출증가에 따른 PTA 수요증가로 사업의 전망이 매우 밝다.

현재 SK케미칼은 국내 독점사업으로 담배 필터 소재와 실크 촉감과 안락한 착용감을 특성으로 하는 친환경 소재원사를 생산하는 아세테이트 섬유사업을 통해 안정된 성장을 이루어 나가는 중이다.

아시아 시장의 생산공급 도맡은 SK케미칼

한편, SK케미칼의 신규사업으로는 고순도 유기용매(솔벤트), 기능성 화장품, 정보전자소재 등이 있다. 고순도 유기용매는 전량 수입에 의존해 온 화학제품으로 기기분석용, 전자용의 고순도 용매로 사용되는 기술집약형 시약, 실험실용 분석용 용제, 제약, 초정밀 화학제품의 합성용 용제, 전자 부품 등의 연구개발 시약으로 널리 쓴인다. SK케미칼은 미국 시장점유율 1위업체인 하니웰의 기술력을 바탕으로 향후 아시아 시장의 생산공급을 맡게 되었다.

특히 (주)인투젠의 SK계열사 편입으로 SK케미칼은 공동 연구 및 개발 등의 움직임을 보일 수 있게 됐다. (주)인투젠은 자산총액이 62억원 정도이며,

자본총액은 32억원이다. 부채총액은 29억원이며, 자본금은 22억원이다.

　인투젠의 주요사업은 항암 및 항바이러스제 개발업 및 제조업이다. 혈액, 생물학적 제재, 홀몬제, 치료제를 개발 및 제조하고, 유전자 데이터베이스를 개발한다.

1조4069억원대 자산보유한 SK케미칼

　SK케미칼의 총자산은 1조4069억원인데 비해 부채는 9437억원이다. 또 자본금은 1022억원인데 자본잉여금이 2376억원이고 이익잉여금이 341억원이다.

　매출액 추이를 살펴보면, 2001년도부터 2002년, 2003년도까지 7473억원에서 7902억원으로, 8529억원으로 소폭 증가했다. 이어 2004년에는 1조448억원으로 매출액의 성장세가 눈에 띄게 증가했다. 이어 2005년 3/4분기에는 7982억원으로 성장세를 지속적으로 유지하고 있는 추세다.

　영업이익은 2001년과 2002년에는 700억원대를 유지하다가 2003년에는 급격하게 감소해 179억원이었다. 이어 2004년에는 280억원으로 다시 소폭 상승했으며, 2005년 3/4분기에는 340억원으로 증가세를 이어간다.

　당기순이익의 경우 2001년에 107억원에서 2004년 95억원이었는데 비해 2005년 3/4분기에는 270억원으로 괄목할 만한 증가세를 나타냈음을 알 수 있다.

　SK케미칼의 재무제표를 살펴보면, 유동자산에 속하는 현금 및 현금등가물이 189억원이고 단기금융상품이 126억원이다.

(단위 :백만원)

구 분	제37기 3분기	제 36 기	제 35 기	제 34 기	제 33 기
[유동자산]	309,236	246,416	353,557	145,829	178,427
· 당좌자산	208,938	159,937	273,637	74,379	113,765
· 재고자산	100,298	86,479	79,921	71,450	64,663
[고정자산]	1,097,688	1,075,703	1,028,026	991,167	1,100,458
· 투자자산	617,648	599,472	526,012	431,533	506,473
· 유형자산	458,743	456,289	482,357	543,900	576,616
· 무형자산	21,297	19,942	19,658	15,734	17,369
자산총계	1,406,924	1,322,119	1,381,584	1,136,996	1,278,885
[유동부채]	531,206	534,986	674,736	426,065	606,494
[고정부채]	412,530	300,992	298,618	375,892	295,709
부채총계	943,736	835,978	973,355	801,957	902,203
[자본금]	102,213	102,213	102,213	102,213	102,213
[자본잉여금]	237,625	242,321	278,243	278,267	278,144
· 자본준비금	94,130	98,826	99,773	99,797	99,673
· 재평가적립금	143,495	143,495	178,470	178,470	178,470
[이익잉여금]	34,140	9,488	(34,975)	(34,923)	36,468
[자본조정]	89,210	132,119	62,749	(10,517)	(40,143)
자본총계	463,188	486,140	408,229	335,040	376,682
매출액	798,258	1,044,848	852,970	790,297	747,342
영업이익	34,016	28,037	17,994	69,734	70,007
경상이익	33,002	11,640	5,793	(76,815)	21,067
당기순이익	27,000	9,575	6,347	(55,710)	10,741

<표2> 요약재무재표

　또 고정자산에 속하는 장기투자증권의 경우 2494억원이며, 지분법적용투자주식의 경우 3347억원인 것으로 기록되었다. 지분법적용투자주식의 경우 SK건설(주) 799만주 39.4% 보유해 장부가액으로 1151억원이며, (주)휴비스 주식 1000만주를 보유해 장부가액으로 1236억원인데 50%의 지분율을 보유한 것으로 공시되었다.

　매도가능증권의 경우, 시장성 있는 지분증권은 SK(주) 주식 306만주(지분율 2.4%)인 1854억원과 (주)코엔텍 주식 6만주(지분율 1.2%)인 9억원인 것으로 나타났다.

■ 최태원 · 최창원 · SKC 최대주주

　SK케미칼의 주식분포를 살펴보면, 최대주주는 최태원 SK그룹 회장으로 보통주 121만주인 6.8%의 지분을, 우선주는 8만주인 3.2%의 지분이다. 이밖에 특수관계인 9명을 포함해 26.3%의 지분을 가진 것으로 기록되었다.

　5% 이상 주주 현황을 살펴보면, 최태원과 최창원이 각각 6.3%와 9.0%를 보유하고 있으며, 법인의 경우 (주)SKC가 6.2%를 보유한 것으로 나타났다. 주식분포 현황을 살펴보면, 개인 소액주주 지분이 50.7%인 1037만주여서 거래가 활발히 이루어지고 있다.

■ 관계회사 ⋯ SKC(011790)

　SK그룹 계열인 SKC의 설립일은 1973년 7월이다. 1973년 선경석유(주)로 설립되어 1976년 선경화학(주)으로 상호를 변경하고, 1977년 한국 최초로 폴리에스테르 필름개발을 시작으로 1980년 비디오테이프, 1984년에 플로피디스크를 개발했다. 1987년 회사 상호를 선경화학(주)에서 SKC로 변경하고, 이어 지속적인 연구와 개발로 DAT, VHS-C, 폴리아미드 필름, 홀로그램 플랜트, MO디스크, 그린하우스용 PET필름, 이미지필름, 레이저디스크 등을 생산했다.

　현재 회사의 소재지는 서울시 서초구 서초동이며, 이 회사의 총자산은 1조

5210억원이 넘는다. SKC의 매출액은 지난 2003년 말 벌써 1조3000억원이 넘었다.

SKC의 주요 사업은 필름사업, 디지털미디어사업, 가공소재사업, 화학사업, 정보통신사업 등이다.

2005년 9월 말 현재 SKC의 자산총계는 1조5148억원이고 부채는 1조964억원이다. 자본금은 1614억원이며 2005년 9월 말 매출액은 1조297억원이다. 당기순이익은 318억원으로 2004년보다 약간 감소했다.

SKC는 기록미디어부분에서 세계적인 점유율을 보였으나 시장 성장의 한계로 사업부를 축소하고 화학부분의 현금창출능력을 바탕으로 정보통신소재로 다각화하고 있다.

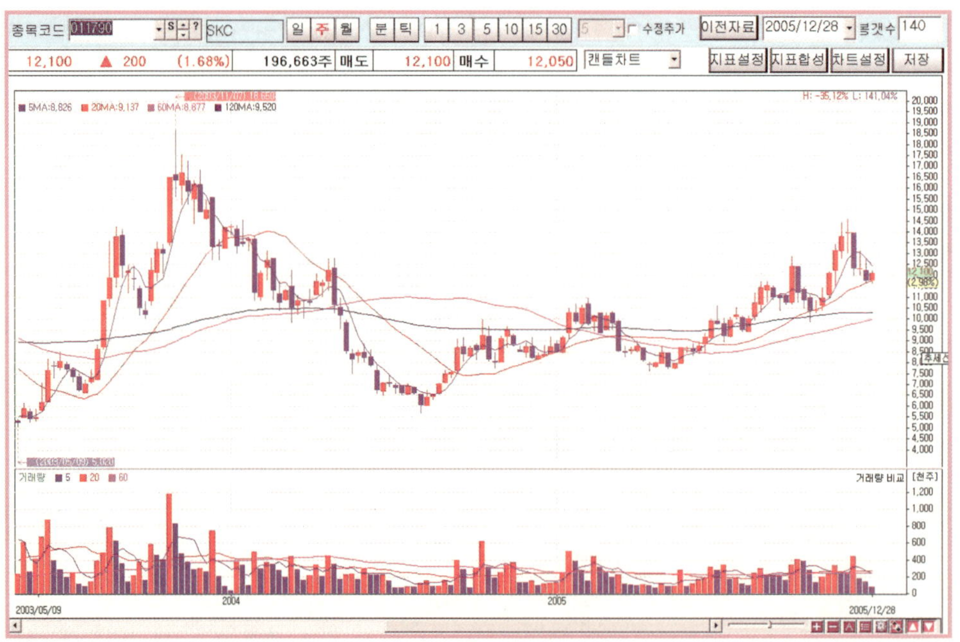

〈표3〉 SKC 주봉

탐구&분석② ＳＫ케미칼의 약점

그동안 신약개발 부문보다 석유화학 업종 부문이 주가에 더 큰 영향을 미쳤는데 물적 분할을 통해 새로운 자회사를 설립하여 사업의 범위를 달리하고 있다. 따라서 이후 신약개발 부문의 실적이 분할 이전보다 더욱 호조세를 보일 것인지의 여부가 중요하다.

또 그 동안 SK그룹에 대한 이미지 때문에 SK케미칼까지 부정적 영향을 받기도 했었는데 최근 SK그룹의 이미지 혁신 바람이 지속적으로 이루어지고 있어 향후 주가에도 어떤 영향을 미칠지는 투자자들이 관심을 가져야 할 부분이다.

SK케미칼은 SK그룹 및 계열사의 동향에 영향을 많이 받는다. 계열사를 편법지원해줬다는 의혹을 받기도 했으며, 계열사 주식을 이유 없이 매입하는 등 SK그룹 오너 일가의 경영스타일에 좌지우지되기도 했다.

특히 장기투자증권과 지분법적용투자주식을 합해 5800억원에 이르고 있는데 자금의 효율성 측면이나 비상장 법인의 투명성 부문에서 투자자들의 기대를 얼마나 충족시킬 수 있을지도 주가에 중요한 변수로 작용할 가능성이 크다.

CEO 엿보기

살아생전 고 최종현 회장은 경영능력 있는 아들에게 회사를 물려주겠다는 강한 뜻을 천명한 바 있다. 그는 "내 아들은 5명이다. 경영능력이 있는 대주주는 경영인으로 키울 것이다. 적임자라고 판단되면 아들이든, 조카든 가리지 않고 경영을 맡기겠다. 나는 자식들 누구에게나 밥상(경영권 승계 후보)을 차려 주겠지만 먹는 것은 알아서 해결해야 한다"고 말한 바 있다. 이후 최태원 SK(주) 회장이 SK그룹 승계자로 확정됐다.

■ 고 최종현 회장의 2세 교육 '기업 경영 본보기'

고 최종현 회장의 자식 교육은 엄격했다. 결코 풍족하게 살 수 있도록 하지 않았다. 미국 유학중인 아들에게 용돈 한번 풍족하게 준 적이 없다. 아들들은 이런 아버지의 스타일 때문에 항상 학비가 부족했고 가정교사로 뛰고, 학교 식당에서 아르바이트를 해야 했다.

고 최 회장은 자식들과 토론을 즐겼다. 주제는 사회·경제가 아닌 과학 분야. 가끔은 난센스 퀴즈와 같은 질문을 들이대, 자식들을 곤혹스럽게 하기도 했다.

‘화학도’ 인 고 최 회장은 아들들에게 모두 이과 전공을 권했다. 최종현 회장은 장남이 진학 문제로 고민할 때 “자신의 진로는 자신이 선택해라. 하지만 어떤 직업을 갖든 합리적 논리를 펼 수 있는 객관적 지식을 갖춰야 한다. 경제의 기본원칙은 ‘합리(合理)’ 다. 경제를 잘 알려면 ‘리(理)’ 와 관련된 분야로 물리나 화학, 생물 가운데 하나를 공부하는 것이 좋다”고 말했다. 때문에 장남인 최 회장은 문과 지망생이었지만 선친의 뜻에 따라 물리학을 전공하게 되었다고 한다.

SK그룹 분사 · 합병 가속화

SK그룹 내 소그룹 형태의 독립경영체제가 가속화하고 있다. 그룹의 경영 모토인 ‘따로 또 같이’ 를 구체화하고 있는 셈이다.

최근 SK그룹 주요 계열사들은 저마다 업종별로 ‘헤쳐모여’ 를 본격화하며 분사와 합병을 통한 사업집중에 나서고 있다.

그룹 내 소그룹은 사실상 업종별 지주회사로 봐도 무방하다. 그룹 전체의 지주회사격인 SK(주)를 중심으로 SK텔레콤(융 · 복합 통신사업), SK케미칼(정밀화학 및 생명과학), SKC(전자정보소재), SKE&S(도시가스) 등으로 나눌 수 있다.

우선 눈에 띄는 곳은 그룹 내에서도 백화점식 사업으로 정체성을 확보하지 못하고 있던 SK케미칼과 SKC의 변화다. 정밀화학 · 생명과학에 성장전략을 집중키로 한 SK케미칼은 석유화학 부문을 떼어내 SK석유화학으로 출범시켰다. 또 SK제약, 바이오벤처인 인투젠을 합병해 생명과학 분야에 투자를 강화하고 있다. 석유화학을 포함해 연관 업종에서 8개의 자회사를 보유하고 있다.

SKC는 지난달 2차전지사업부를 분사, SK모바일에너지(ME)로 출범시켰지만 최근 SK(주)가 이 사업을 담당하는 것으로 정리가 됐다. 대신 전자정보소재에 집중키로 하고 비디오테이프, 광디스크 등 과거에 주력했던 아이템은 SK미디어로 분리했다.

SKE&S는 국내 최초의 지주회사로 일찌감치 10개의 도시가스회사와 SK가스 등을 거느리며 독립적인 경영을 해 오고 있다.

이 같은 독립경영 체제는 계열사별 독자생존 기반 마련을 통한 경쟁력 확보 차원도 있지만 장기적인 관점에서 분가와도 무관치 않다.

SK그룹은 현재 최태원 SK(주)회장이 중심축이다. 여기에 SKE&S(옛 엔론)를 맡고 있는 친동생 최재원 부회장이 있다. 또 다른 축은 최회장의 사촌형제인 최신원 SKC회장, 최창원 SK케미칼 부회장이다. 이 때문에 최근 SKC와 SK케미칼의 체질개선 및 변화가 계열분리를 위한 채비가 아니냐는 관측이 나오기도 한다.

대외행보가 활발해지고 있는 최태원 회장 형제와 달리 최신원 회장 형제는 외부적으로 별다른 움직임을 보이지 않고 있지만 지분확보와 사업재편, 역량 강화 등을 통해 내실있는 기업다지기에 나섰다.

이미 최창원 SK케미칼 부사장은 최태원 회장(6.84%)보다 많은 10.32%의 지분을 확보해 경영권을 다져놓고 있다.

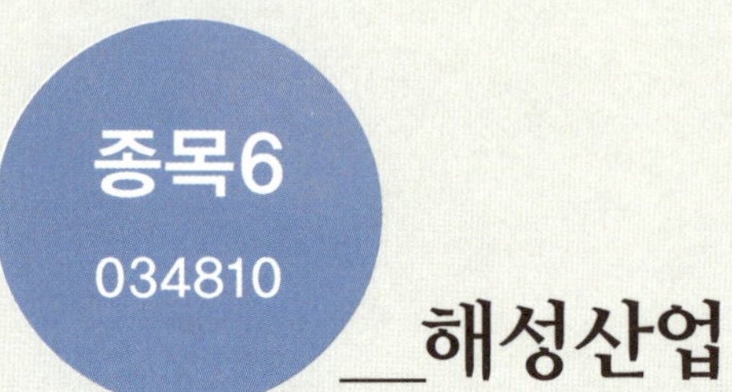

종목6
034810
__해성산업

"가치투자를 발견하면 승산 있다"

해 성 산 업 의 매 력 포 인 트

나는 펀드매니저들을 상대로 교육을 할 때 항상 강조하는 것이 있다. 바로 투자의 기본이다. 투자의 기본은 바로 '가치투자' 이다. 따라서 일단 가치투자 종목을 발굴하는 것이 투자의 매력에 접근하는 최우선 방법이다.

'가치투자' 에 대한 이론은 주식시장에서는 불변의 법칙이나 다름없다.

가치투자에서 중요한 투자지표 중의 하나가 BPS(book-value per share, 주당순자산가치)이다. BPS는 기업의 순자산을 현재 발행주식 수로 나눈 것으로 '청산가치' 로도 불린다. 이 BPS가 높을수록 기업의 가치가 그만큼 크다고 할 수 있다.

우선 해성산업의 'BPS' (주당순자산가치)를 살펴보면, 2005년 6월말 기준 10284원이다.

BPS를 청산가치로 본다면 2005년 12월 주가인 5000원의 두 배나 되는 셈이다. 대략적으로 가치에 비해서 주가가 절반 정도밖에 안 된다는 의미로 해석할 수 있다.

여기서 주가를 BPS로 나눈 비율이 PBR인데 PBR(Price Book-value ratio)은 주가의 순자산 비율로 낮을수록 저평가되어 있다고 판단하면 된다. 즉, 주가와 주당순자산을 비교하는 비율로 주가의 적정성 여부를 알 수 있는데 해성산업의 경우 PBR이 0.5 정도 된다.

<표1> 해성산업 주봉

탐구 & 분석 ① 해 성 산 업   바 로 알 기

부동산임대 · 관리 · 시설용역만을 전문으로 하는 해성산업은 1954년 2월 자본금 1000만원으로 설립되었다. 해성산업은 1962년 12월 해남빌딩 준공을 필두로, 오피스빌딩에 대한 빌딩 임대 사업을 수행하면서 업계에 등장했다.

1990년 서울 강남구 대치동 소재의 건물(연면적 35,431㎡)인 해성빌딩을 시작으로, 1995년 해성2빌딩(연면적 37,825㎡) 준공과 1998년 우영테크노센터 분양사업 등을 진행했다.

현재까지도 부동산 임대 및 시설관리 용역사업을 수행하고 있으며, 진행하는 사업들 모두 1년 기간 단위로 계약을 체결해 비교적 안정적인 매출을 올린다.

해성산업은 해성그룹의 지주회사 역할도 맡고 있다. 해성그룹은 해성산업을 비롯해 증권선물거래소에 상장된 한국제지, 계양전기, 한국팩키지 등의 회사로 이루어져 있다.

영업이익 꾸준한 안정적 회사

해성산업의 전체 매출 중에서 가장 많은 비중을 차지하고 있는 부분은 바로 시설관리용역에 대한 수입부문으로 2005년 3/4분기 현재 매출액의 37.7%를 차지해 30억원 정도다. 이어 35.1%를 차지하는 사업부문은 사무실에 대한 임대수입 부문으로 28억원 정도의 매출을 나타내고 있다. 이밖에 관리 및 주차 수입 등을 발생시켜 해성산업의 2005년 3/4분기 총 매출액은 80억원이다.

(단위 : 천원)

사업부문	매출유형	품 목		제 52기 분기	제 51기 분기	제51기 연간
시설관리사 업	용 역	시설관리수 입	수 출			
			내 수	3,045,883	2,968,825	3,980,745
			합 계	3,045,883	2,968,825	3,980,745
임대관리사 업	용 역	임대수입	수 출			
			내 수	2,840,592	2,867,820	3,816,057
			합 계	2,840,592	2,867,820	3,816,057
		관리수입	수 출			
			내 수	1,539,633	1,541,579	2,067,093
			합 계	1,539,633	1,541,579	2,067,093
		주차수입	수 출			
			내 수	662,014	661,077	878,330
			합 계	662,014	661,077	878,330
	임대/관리/주차 수입 소계		수 출			
			내 수	5,042,239	5,070,476	6,761,480
			합 계	5,042,239	5,070,476	6,761,480
합 계			수 출			
			내 수	8,088,122	8,039,301	10,742,225
			합 계	8,088,122	8,039,301	10,742,225

〈표2〉 매출실적

　1990년 7월에 진출한 해성산업의 시설관리 사업은 오피스빌딩의 시설을 위탁관리 운영하는 사업으로 1962년 이후 오피스빌딩 임대사업을 수행하면서 축적된 경험과 기술을 바탕으로 동 분야에 있어서 타 업체에 비해 우위를 점하고 있다.

　해성산업의 임대사업 및 임대관리사업과 주차사업을 살펴보면, 1962년 해남빌딩 준공과 함께 시작한 오피스빌딩 임대사업은 현재 서울시내에 3개 사

(단위 : 백만원)

구 분	제 52분기	제 51 기	제 50 기	제 49 기	제 48 기
[유동자산]	5,710	4,585	2,653	1,987	1,280
· 당좌자산	5,710	4,585	2,653	1,987	1,280
· 재고자산	–	–	–	–	–
[고정자산]	108,941	107,722	106,679	105,077	102,428
· 투자자산	29,449	27,859	26,276	24,228	21,678
· 유형자산	79,492	79,863	80,403	80,849	80,750
· 무형자산	–	–	–	–	–
자산총계	114,651	112,307	109,332	107,064	103,708
[유동부채]	661	739	888	1,745	3,533
[고정부채]	12,604	12,190	12,401	12,259	10,853
부채총계	13,265	12,929	13,289	14,004	14,386
[자본금]	4,890	4,890	4,890	4,890	4,890
[자본잉여금]	61,722	61,722	61,722	61,722	61,722
· 자본준비금	946	946	946	946	946
· 재평가적립금	60,776	60,776	60,776	60,776	60,776
[이익잉여금]	34,030	31,785	28,143	25,077	21,404
[자본조정]	744	981	1,288	1,371	1,306
자본총계	101,386	99,378	96,043	93,060	89,322
매출액	8,088	10,742	10,498	9,989	9,439
영업이익	1,976	2,092	2,318	2,016	1,639
경상이익	4,208	4,901	5,200	6,192	4,989
당기순이익	3,223	3,677	4,059	4,404	3,538

<표3> 요약재무정보

업장(1개 층의 상가 포함)과 부산시내 1개 사업장, 동해 냉동창고공장 1개 등을 임대중이다.

주된 수요업체가 일반 기업체를 대상으로 함에 따라 산업경기변동에 많은 영향을 받고 있으나 주사업장들의 위치가 도심의 중심지에 위치하고 있어 비교적 타 업체에 비하여 경기영향을 적게 받으며 안정적이다.

재무안정성이 강화되어 있다

해성산업의 2005년 3/4분기 말 현재 총자산은 1146억원이고 부채는 132억원이며 자기 자본은 1013억원이다. 자본금이 48억원인데 비해 자본잉여금이 617억원, 이익잉여금이 340억원이나 되어 유보율이 높은 편이다.

2001년부터 2002년까지는 매출액이 90억원 선을 벗어나지 못했으며 2003년부터 100억원대를 넘어서 2004년에는 107억원, 2005년 3/4분기에는 80억원 선을 유지하고 있는 상황이다.

이에 따라 영업이익도 2001년만 16억원이었으며 2002년부터 2004년까지는 20억원대를 유지하고 있으며 2005년 3/4분기에는 19억원으로 소폭 증가했다.

당기순이익 역시 2001년부터 2004년까지 꾸준히 35~40억원대를 유지하고 있으며 2005년도 3/4분기에는 32억원을 기록해 수익성도 안정적인 모습이다.

한편, 해성산업의 재무제표를 살펴보면 유동자산에 속한 현금 및 현금등가물이 23억원, 단기금융상품이 30억원이며, 고정자산에 속한 지분법적용투자주식이 282억원이나 됨을 알 수 있다. 또 지분법적용투자주식의 내용을 보면, 한국제지(주) 주식을 28만주(지분율 5.6%)를 보유하고 있는데 이 주식의 취득원가는 43억원인데 비해 장부가는 177억원으로 기록되었다. 그리고 계양전기(주) 주식 303만주(지분율 8.9%)를 32억원에 취득했는데 장부가는 순자산가액인 98억원으로 나온다.

한편, 보유중인 토지는 2005년 3/4분기 말 현재 장부가액이 700억원인데 공시지가로는 1035억원이나 된다.

해성산업은 자산재평가법에 따라 2000년 10월 1일 유형자산에 대한 자산재평가를 실시했으며 재평가적립금이 606억원이었다.

오너 일가 지분만 68.2%

해성산업의 최대주주이자 회사의 대표이사인 단재완 회장이 현재 보유하고 있는 지분율은 28.2%다. 이밖의 특수관계인을 포함해 667만주인 68.2%를 가졌다.

5% 이상 주식을 소유한 주주들의 경우는 단재완 회장(28.20%), 단우영(15.7%), 단우준(15.22%)으로 총 578만2,156주로 59.12%이다.

주식분포 상황을 보면, 소액주주들이 222만주인 22.7%의 지분을 가지고 있다. 이 중에는 법인이 2.6%이며, 개인 주주가 20%이다. 또 외국인 지분율은 2.6%를 차지한다.

해성산업이 보유한 관계회사 주식의 지분도 눈길을 끈다. 이들 회사들은 서로 상호출자 형식의 관계를 맺고 있어 주가 변동에도 민감한 반응을 보이고 있다.

해성산업은 한국제지(주)의 주식 28만주를 보유중이다. 이는 5.6%의 지분율에 해당하며, 계양전기(주) 주식은 303만주를 보유해 8.9%의 지분을 확보하고 있다.

또 한국제지(주)는 한국팩키지(주) 112만주를 보유해 45%의 지분율을 갖고 있다. 한국제지(주)는 계양전기(주)의 주식 396만주를 보유해 11.6% 지분율을 나타낸다. 한국제지(주)와 계양전기(주)는 유가증권 시장에 상장돼 있으며, 한국팩키지(주)는 코스닥상장법인이다.

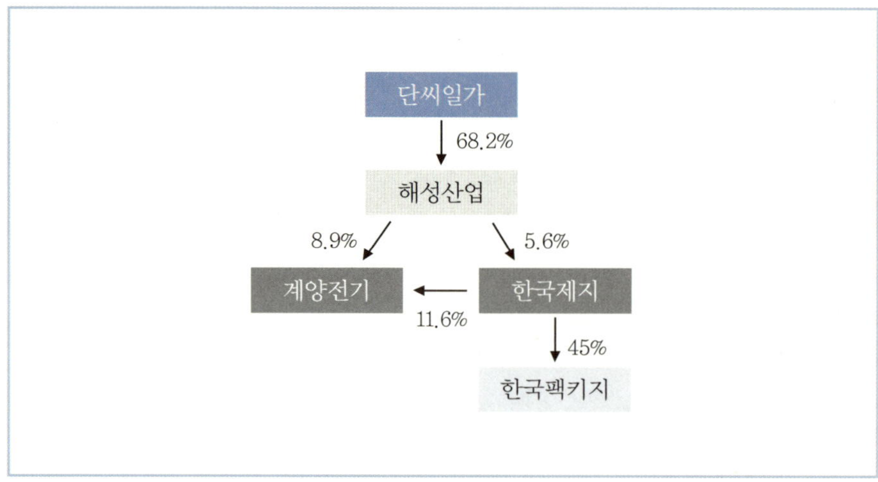

〈표4〉 지배구조

관계회사1 … 한국제지(주)

해성산업과 특수관계에 있는 한국제지(주)는 지난 1958년 2월에 설립된 지류(인쇄용지)제조업체로서 창업주인 단사천 회장은 당시 이 회사의 상호를 '한국특수제지공업주식회사'로 명했다. 이어 1966년 12월에 한국제지(주)로 상호를 변경했다.

한국제지(주)의 2005년 상반기 실적을 살펴보면, 내수경기 회복에 대한 기대감이 컸지만 환율급등, 원자재 및 유가상승 등으로 실제 상반기 실적은 미진했다. 즉 매출액은 1665억원으로 전년 대비 1.3% 감소했다.

하지만 원가절감, 생산성 향상 등으로 영업이익은 2.4% 증가한 177억원이었다. 경상이익은 외화환산 이익에 힘입어 17.8%가 증가한 229억원을 달성했고 순이익은 99억원이었다.

단재완 회장은 한국제지(주)의 주식 94만주를 갖고 있어 18.8% 지분율로 최대주주이다. 이밖에도 최대주주 및 친인척들의 보유지분을 다 합하면 43.48%에 달한다.

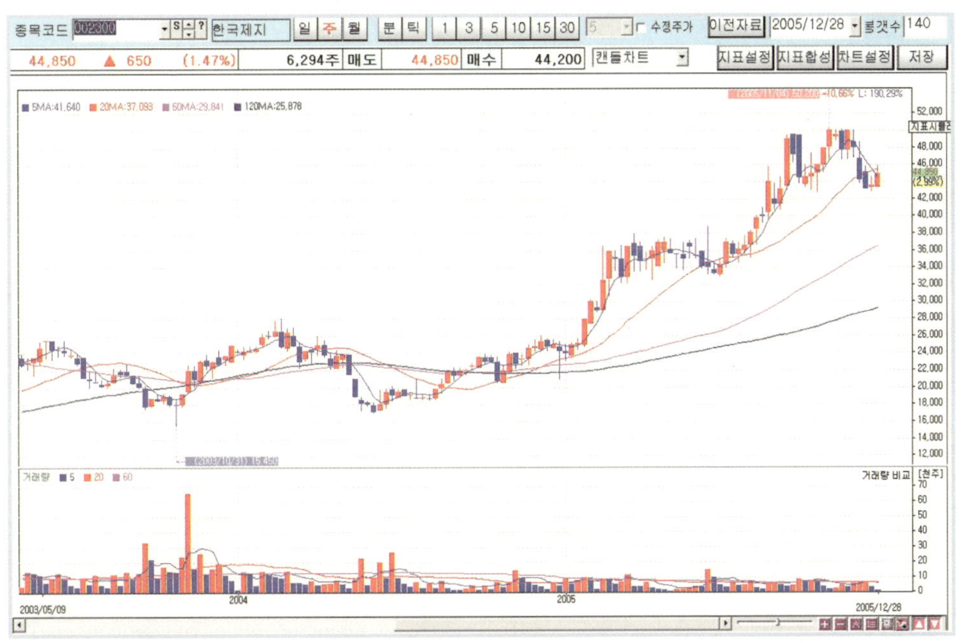

〈표5〉 한국제지(주) 주봉

■ 관계회사2 … 계양전기(주)

　　1977년 4월 계양전기(주)로 설립됐으며, 12월에 구로공장을 준공했다. 계양전기는 전동공구, 자동차용 DC 모터, 엔진 및 엔진공구 등의 제조판매를 주요사업으로 하는 업체이다.

　　매출액 10% 초과 부문을 공시대상 사업부문 구분 기준으로 정하며 전동공구, 자동차용 DC 모터, 엔진 및 엔진공구 등이 공시대상 사업부문이다.

　　한국제지(주)와 해성산업(주)가 계양전기(주)의 2대 주주이다.

〈표6〉 계양전기(주) 주봉

관계회사3 ··· 한국팩키지(주)

1993년 11월 설립됐으며 1999년 12월 코스닥 시장에 상장됐다. 경기도 안산시 단원구 원시동에 위치해 있는데 2005년 6월 말 기준으로 부채비율 60.6%이며, 자본금은 125억원이다. 외국인 보유지분은 3.2%이다.

한국팩키지는 국내 4대 팩 제조회사의 하나로, 안정적인 공급 및 수출시장 개척으로 외형적인 성장이 전망된다.

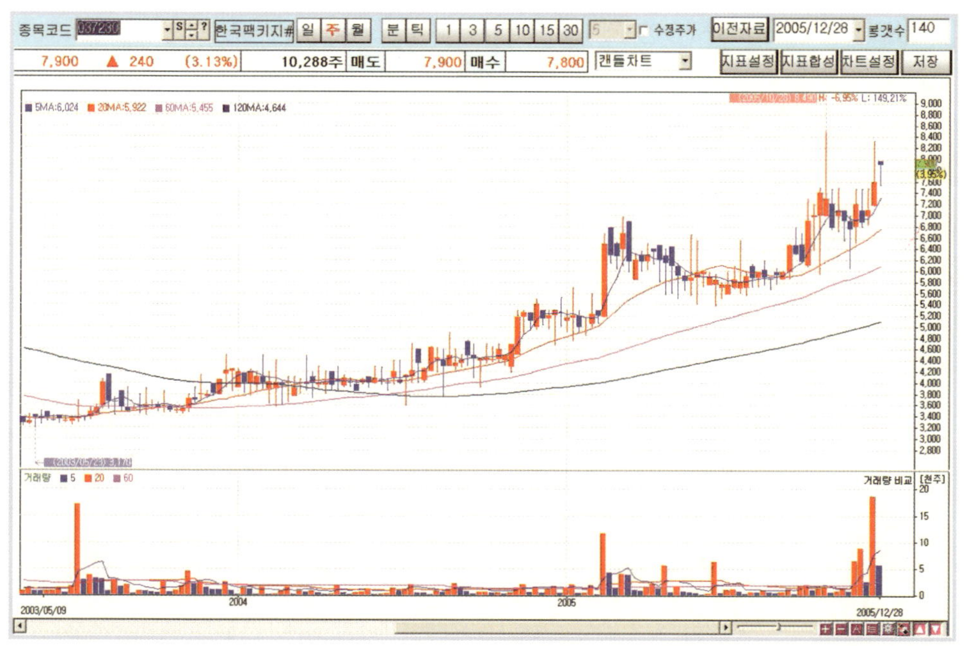

〈표7〉 한국팩키지 주봉

국내 카톤팩 시장은 한국IP, 한국팩키지, 삼륭물산, 삼영화학 4개사의 과점적 시장구조를 형성하고 있으며 신규 진입 장벽이 높은 상황이다. 그러므로 안정적인 외형 성장 및 수익 시현, 양호한 영업현금 창출 능력을 바탕으로 안정적인 재무지표 유지가 가능한 회사이다.

최근 핵심역량을 집중하기 위해 수익이 부진한 지기사업을 구조조정함으로써 매출액 2.8%가 감소했지만 사업 구조조정 효과와 중단한 사업과 관련한 자산처분이익으로 인해 영업이익과 순이익은 28.4%, 94.3% 각각 증가했다. 양호한 실적과 지속적인 자본 확충으로 인해 자기자본비율이 개선되는 등 재무안정성을 유지하고 있다.

탐구&분석② 해성산업의 약점

해성산업은 주식이 저평가되어 있다는 점에서 장기투자 종목으로 권장할 만하지만 이 종목의 문제점도 지적하고 싶다.

우선 해성산업은 최대주주와 특수관계인의 지분율이 너무 높다. 현재 68.2%의 지분이 모두 최대주주인 단재완 회장 일가의 몫으로 분포돼 있다.

5% 이상 주식을 보유하고 있는 주주들도 모두 최대주주 일가이다. 단재완 회장을 비롯한 두 아들의 주식 지분율이 이를 말해준다.

이처럼 최대주주가 주식을 대량으로 보유하고 있는 이유는 아마도 자기 회사의 가치에 대한 확신이 그만큼 크기 때문으로 보인다.

하지만 일반투자자 입장에서 볼 때는 자본금도 50억원 정도밖에 되지 않는데다 유통물량도 매우 적기 때문에 환금성 측면에서 부담을 느끼지 않을 수 없다.

하물며 기관투자가나 외국인들의 경우에는 아무리 기업내용이 좋은 회사라고 할지라도 매매가 원활하게 이루어져야 하는데 해성산업의 경우 이런 사항을 만족시키지 못하고 있어 주가가 제 가치만큼 따라와 주지 못하고 있는 실정이다.

해성산업의 약점은 또 있다. 성장성이 낮다는 점이다. 매출이 큰 폭으로 증가할 만한 매출구조를 갖고 있지 못하기 때문이다. 제조업이 아닌 임대업이나 시설관리업 등으로는 획기적인 매출성장세를 기대하기가 어렵기 때문에 이 또한 투자자들의 관심을 끌기에는 미흡한 부분이다.

물론 수익구조가 안정성을 유지하고 있기는 하다. 하지만 미래가치에 대한 기대감이 주가에 반영된다는 속성을 감안하면 주가에 부정적일 수밖에 없다고 생각된다.

매년 액면 500원 대비 20%인 100원을 배당하고 있고 당기순이익도 큰 폭의 등락이 없기 때문에 안정투자를 원하는 투자자에게는 포트폴리오 대상종목으로 넣을 수는 있겠지만 성장성을 겨냥한 공격적인 투자종목으로는 어울리지 않는다.

CEO 엿보기

해성그룹을 이끌고 있는 단재완 회장은 아버지인 단사천 창업주의 뒤를 이어 계양전기 대표이사 회장, 해성산업 대표이사 회장, 한국팩키지 대표이사 회장, 한국제지 대표이사 회장을 함께 맡고 있다.

단재완 회장은 단우영(장남 · 1979), 단우준(차남 · 1981), 단경화(1982), 2남 1녀를 두었다.

단사천 창업주 '개성상인 피' 이어 받아

단재완의 아버지인 고 단사천 회장은 우리나라 대표적인 '개성상인'으로 손꼽힌다.

고려와 조선을 거쳐 일제 강점기까지 한반도의 상업을 주름잡았던 '개성상인'은 송방(松房)이란 독특한 조직체계와 차인제도(자식에게 경영수업을 시키기 위해 다른 상인의 상점에 수년간 취직시켜 일을 배우게 하던 관습)라는 경영제도, 사개치부법(四介治簿法)이라는 자신들만의 복식회계장부를 고안해 탁월한 상술을 펼쳤던 상인집단이다.

그는 또한 신용과 절약, 절제, 근면, 성실, 협동정신 등 상업의 원칙이 될 만한 상도와 상철학을 남긴 것으로도 유명하다. 개성상인들은 한국전쟁 당시 월남해 자린고비 정신으로 기업을 일궈 눈부신 경영실적을 올렸다.

개성상인의 대표적인 인물로 꼽히기도 하는 단사천 회장은 1980년대 한국의 '현금왕'으로도 유명하다. 그가 전화를 하면 고 정주영 현대그룹 창업주도 자다가 벌떡 일어났을 만큼 당대 사채시장을 주물렀던 지하 경제의 제왕이기도 하다.

특히 1960~1970년대 전성기를 구가하던 시기에 기업인들 사이에는 그를 모르면 한국의 기업인이 아니다라는 말이 돌 정도였다.

당시 그는 종합소득세 납세에서도 삼성그룹의 이병철 창업주나 현대그룹의 정주영 명예회장보다 더 많은 돈을 냈다. 그만큼 순이익을 많이 냈고, 또 세금을 법이 정한 대로 이른바 '절세'하지 않고 원리원칙대로 낸 사람이었다.

개성상인의 후예답게 기업 경영에도 남다른 관심을 보였던 단사천 회장은 1954년 해성산업을 세웠고, 1958년에는 한국제지, 1977년에는 계양전기, 그리고 1993년에는 한국팩키지 등을 창업했다. 오늘날 해성그룹의 모태들이다.

특히 한국제지와 계양전기는 세인들에게도 잘 알려진 기업들이다. 한국제지는 한국 제지업계의 선구자적인 역할을 한 기업이다.

지난 2001년 단 회장이 작고한 뒤, 2대로 넘어와 장남 단재완 회장이 전동공구 국내 1위인 계양전기와 제지업계의 알짜 기업인 한국제지 등을 이끌고 있다.

그는 특히 이재술에 능한다고 알려졌다. 그가 사채업이나 주식 그리고 기업 경영에 있어서 모두 성공을 거둘 수 있었던 것도 바로 이 이재술 때문이었다. 이재술이란 재물을 모으고 관리하고 적시에 투자하는 기술이다.

예로부터 개성상인들은 이재술에 능했다. 이재술에 능했기 때문에 셈이 빠르고, 돈의 흐름에도 민감하게 반응할 수 있었다.

하지만 단사천 회장이 이재술만으로 성공한 기업가는 아니다.

정직을 평생 상도의 근원으로

현금왕 단 회장의 개인적인 생활은 검소 그 자체였다. 평생 점퍼 하나로 일 관했고, 밥을 먹을 때는 반찬을 세 가지 이상 놓지 않았다는 일화를 가질 정도 니 말이다.

그는 개성상인 특유의 보수적 경영으로도 유명하다. 보통상인의 경우 1000 만원을 벌면 남의 돈을 끌어들여 5000만원짜리 사업을 벌인다. 하지만 단 회 장은 1000만원을 벌면 500만원을 저축하고 남은 500만원으로 사업을 시작 했다. 당연히 사업의 규모는 커지지 않는다.

하지만 빚이 한 푼도 없는 만큼 내실이 있다. 그의 회사가 빛을 발한 것은 IMF 때였다. IMF 한파로 현금 부족에 빠진 국내 굴지의 대기업들이 막 쓰러 져갈 때 그의 회사는 오히려 더 약진했다.

그는 한 번 직원을 채용하면 실수가 아니고서는 내쫓는 일이 없는 것으로 알려져 있다.

꼭 필요한 인물도 외부에서 스카웃하기보다는 사내에서 발탁한다. 그래서 해성그룹 산하의 직원들 중에는 장기 근속자가 많다.

__일성신약

"공격적인 주식투자 현황 파악이 급선무"

일 성 신 약 의   매 력 포 인 트

일성신약은 최근 평범한 상장기업에서 주식투자로 큰 돈을 벌어들여 제약회사가 아닌 투자회사로 여겨질 정도이다. 그만큼 주식투자에 관심이 많은 회사다.

중견 제약업체인 일성신약은 2003년부터 우량주식을 저축하듯 꾸준히 매수해 왔다. 이들 주식은 최근 증시 호황으로 종목의 주가가 급등하면서 막대한 평가차익을 올렸다.

펀드매니저 뺨치는 수익률

일성신약의 경우, 보유중인 종목으로는 SK(주), KT, 삼성물산, 삼성중공업 등이 눈에 띈다. 2005년 9월 말 기준으로 일성신약은 SK(주)의 20만주를 보유하고 있으며, KT의 14만주를 갖고 있다. 한국전력의 경우, 60만주를 보유하고 있다가 최근 모두 처분했다.

또한 삼성그룹 계열사 가운데 최근 업황이 호전되면서 주가가 급등하고 있는 삼성물산과 삼성중공업의 지분도 보유중이다. 삼성물산의 경우 322만주, 삼성중공업은 104만주를 가지고 있는 것으로 공시했다.

현대오토넷도 110만주를 보유하고 있는 등 모두 국내 굴지 기업 6개 이상의 지분을 가지고 있으며, 취득금액은 장부가액 기준으로 약 1170억원이나 된다. 2005년 12월 13일자 공시에 따르면, 441만주(2.8%)의 삼성물산 주식을 보유하고 있고 현대오토넷은 11월 하순 보유주식 일부를 처분해 70만주인 것으로 기록되었다. 2005년 12월 18일 삼성물산의 주가가 19550원인 점을 감안하면 삼성물산 한 종목에만 시가로 880억원어치의 투자를 하고 있는 셈이다.

원래 주식투자를 하고 있던 일성신약에 대해 관심을 갖고 있던 차에 외국인들의 매수세가 꾸준히 이어지며 주가도 상승세를 보였다. 그런데 투자 규모가 날로 늘어나고 있고 주식시장의 호황에 따라 실적개선과 함께 투자자들의 관심도 높아지고 있는 게 현실이다. 물론, 초기에 일성신약에 투자했던 외국계 펀드 중에서는 큰 차익을 남기며 주식을 모두 매도하기도 해 주가가 일시적인 수급불균형을 보이며 출렁거리는 모습을 나타내기도 했다.

〈표1〉 일성신약 주봉

오토넷에 올라탄 제약사···큰손 일성신약

'오토넷 주가가 1000원 오르면 7억원이 품 안으로'

연일 주가가 상승중인 자동차 전장부품업체 현대오토넷과 항생제를 만드는 제약사 일성신약은 뗄레야 뗄 수 없는 관계다. 일성신약이 29일 현재 현대오토넷 70만주(0.39%)를 보유하고 있기 때문이다.

여유자금 운용 차원에서 우량 상장사 주식을 매매해 온 일성신약은 지난 8월 현대차그룹이 현대오토넷을 인수한 직후부터 오토넷을 매집했다. 8~9월 사이에 120만주를 61억4000만원에 사들여 주당 매입 단가는 5118원이다.

지난 23일에는 50만주를 61억4000만원에 처분해 34억여원의 차익을 실현했다. 또 보유중인 70만주에 대한 평가익도 49억여원에 달해 오토넷 한 종목 거래만으로 80억원을 벌어들인 셈이다.

여유자금 운용 차원에서 우량 상장사 주식을 매매하는데 종목 선정이 탁월하다는 평가를 받고 있다. 삼성중공업, SBS, 삼성물산 등 올 하반기 들어 두 배 가까이 상승한 종목들도 보유해 여기에서도 수십억원 이상의 평가차익을 거두고 있다.

주식 거래 차익만으로 영업이익에 필적하는 성과를 내고 있다. 일성신약의 지난해와 올해 상반기 영업이익은 163억원과 113억원으로 오토넷 거래에 따른 차익 80억여원은 지난해 영업익의 절반에 해당하는 규모다.

일성신약이 투자목적으로 사들인 타 법인 주식의 평가액은 9월 기준으로 1070억원에 달해 지난 한 해 이 회사의 매출액 715억원보다도 많다.

일성신약 관계자는 "10여 명의 이사진이 참석하는 이사회에서 투자종목을 결정한다"며 "자산관리 차원에서 시작한 투자가 본업에 필적하는 수준이 됐지만 약품 개발도 소홀히 하지 않고 있다"고 말했다.

실제로 일성신약은 항생제와 조영제를 주로 취급하지만 최근에는 비만치료제 리덕틸을 생산하는 등 첨단 의약품에도 눈을 돌리고 있다.

2005년 11월 29일 「머니투데이」 기사

일성신약의 주가 흐름을 보면, 2005년 5월 2만원에서 출발하여 3개월 동안 3만원을 저항선으로 등락을 거듭하다가 9월 초부터 본격적인 상승흐름을 탔음을 알 수 있다.

그 과정에서 10월 중순 한 외국계 펀드가 일성신약 주식을 팔기 시작하면서 일시적으로 5만원의 주가를 하회하기도 했다. 이후 11월 초순에 대량거래가 일어나며 주가는 다시 상승세를 타 최고 6만7천원을 기록하기도 했는데 삼성물산의 주가 상승뿐만 아니라 현대오토넷의 주가가 급등세를 보이면서 투자자들의 관심을 모은 것으로 여겨진다.

한편, 일성신약이 주식투자에서 모두 대박을 터뜨리기 만한 것은 아니다. SBS, KT, 한국전력 주식 등에 대한 투자에서는 큰 수익을 올리지 못하고 손실을 보기도 했다.

물론 일성신약이 주식투자로만 큰 수익을 올린 것은 아니다. 2004년 당기순이익이 143억원인데 2005년 3/4분기까지 162억원의 당기순이익을 기록해 2004년 전체 순이익 규모를 벌써 넘어선 상태이다.

특히 영업이익은 2004년 163억원이었는데 2005년 3/4분기까지 154억원을 기록해 주식투자와는 상관없이 제약회사 본래의 영업에도 충실하고 있음이 드러난다.

2002년과 2003년 매출액 규모는 680억원 정도였는데 2004년 714억원을 기록한 후 2005년 3/4분기까지 576억원을 기록하고 있어 큰 폭의 성장세는 아니지만 안정적인 매출을 이룬다는 반증이다.

2005년 상반기 유가증권시장의 상장회사 전체의 매출액 영업이익률은 8.6%로, 2004년 같은 기간 10.9%보다 2.2%포인트 떨어진 것으로 나타났다. 매출액 영업이익률은 매출액에서 영업이익이 차지하는 비율을 나타내는 것으로 기업들의 경쟁력을 한 눈에 알 수 있는 지표다. 1년 전 1000원 어치를 팔아 109원을 남기던 기업들이 올해는 같은 금액을 팔아 86원 밖에 남기지 못했다는 소리다.

　그럼에도 불구하고 일성신약은 매출액 영업이익률이 30%에 근접할 정도로 높은 수익성을 확보한 것으로 나타났다.

(단위 : 억원, %)

회사명	2005. 상반기		
	매출액	영업이익	영입이익률
강원랜드	4,160	2,137	51.36
LG카드	13,726	6,477	47.19
KT네트워크	354	140	39.53
엔씨소프트	1,176	401	34.09
포스코	110,338	35,042	31.76
일성신약	392	113	28.87
KT&G	9,287	2,651	28.55
환인제약	338	96	28.43
SK텔레콤	49,391	13,278	26.88
광주신세계백화점	484	124	25.66

〈표2〉 2005년 상반기 매출액 영업이익률 상위 10사

　일성신약의 경우, 여러 종목의 주식에 투자하고 있기는 하지만 삼성물산 주식의 경우 441만주를 보유하고 있어 삼성물산 주가 향방에 따라 수익성 면에서 큰 차이가 생길 가능성도 배제하지 못한다.

　그런데 2005년 9월 이후 각 증권회사에서 제시한 삼성물산의 목표 주가를 보면, 최저 2만원에서 최고 2만7천원까지로 2005년 12월 18일의 주가인 1만 9550원보다 높은 수준임을 알 수 있다. 결국 삼성물산의 주가 상승에 대한 기대감이 크다고 할 수 있는데 현실적으로 삼성물산의 주가가 상승세를 탄다면 일성신약으로서는 주식투자를 통한 대박을 꿈꿀 수도 있는 상황이다.

　물론 삼성물산의 주가가 예상과 달리 움직인다면 그만큼 일성신약의 주가에도 부정적인 영향을 미칠 것이란 것은 자명한 사실이다. 따라서 투자자 입

장에서는 삼성물산의 주가가 상승하느냐 하락하느냐에 따라 일성신약의 주가가 연동되어 있다는 점을 견지하는 것이 필요하다.

〈삼성물산 목표 주가〉
　　　2005년 12월 5일 미래에셋증권 27000원
　　　2005년 12월 2일 굿모닝신한증권 27000원
　　　2005년 12월 2일 CSFB　25000원

　　　2005년 11월24일 대신증권 26800원

　　　2005년 10월 24일 대신증권 20000원
　　　2005년 10월 24일 푸르덴셜증권 24000원
　　　2005년 10월 24일 삼성증권 20100원
　　　2005년 10월 24일 현대증권 20000원
　　　2005년 10월 24일 굿모닝신한증권 22200원
　　　2005년 10월 4일 미래에셋증권 27000원

　　　2005년 9월 30일 한투증권 24100원
　　　2005년 9월 6일 현대증권 20000원

　삼성물산의 주가 흐름을 보면, 2004년 3월 12000원을 넘어선 이후 2005년 8월까지 17000원을 저항선으로 등락을 거듭하고 있는 모습을 보여주고 있다. 2005년 9월초 17000원인 저항선을 돌파하며 12월 들어 20000원을 중심으로 등락을 거듭하고 있다.

　또 현대오토넷 주식에 대한 투자를 통해 큰 수익을 올렸는데 이는 2005년 7월 3000원에 불과하던 현대오토넷 주가가 11월 말 13000원을 넘어섬에 따라 보유주식 중 일부를 매도해 차익을 실현했기 때문이다.

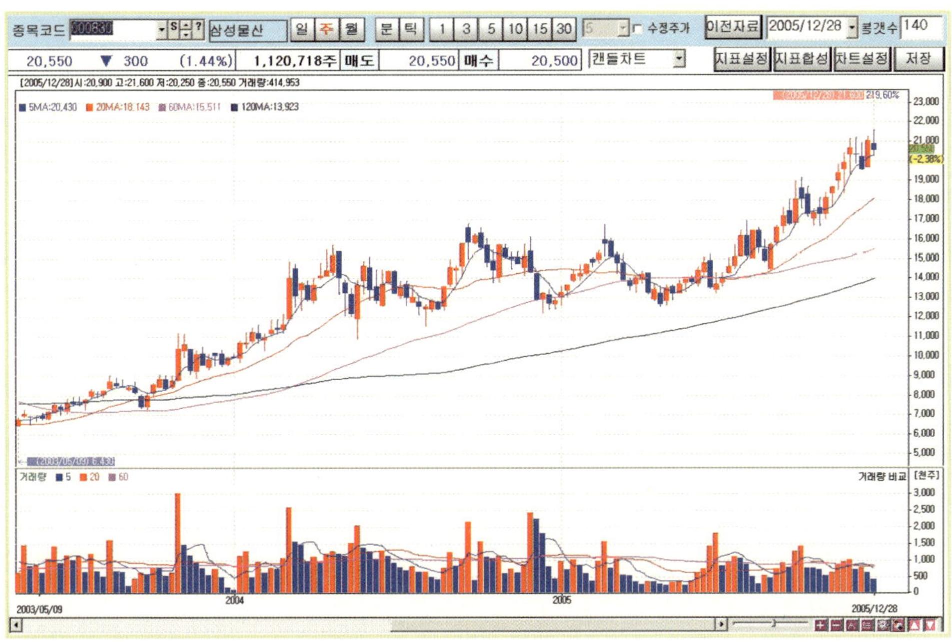

〈표3〉 삼성물산 주봉

탐구&분석①　**일성신약 바로알기**

‘풍요로운 삶’ 추구하는 의약품 회사

일성신약은 윤병강 회장이 제약 사업을 시작한 1954년에 ‘일성약업사’란 이름으로 설립됐다. 회사는 1961년 2월 15일 국민 건강을 위한 기업 추구, 사회와 국가가 꼭 필요로 하는 회사 추구, 적절한 이윤 추구 등을 사업목적으로 (주)일성신약의 법인등기를 마치고, 공식 출범한 후 1972년 (주)일성신약에서 일성신약주식회사로 상호를 변경했다.

1985년 기업공개로 자본금 103억원에서 2001년 유상증자로 인해 자본금이 133억원 규모의 상장 제약회사로 성장했다.

‘기업의 주인은 종업원’이라는 신념 아래 1972년부터 설립자 윤병강 회장의 소유주식을 종업원에게 무상으로 분배하기도 했다.

확대된 시장 수요에 부응하기 위해 일성신약은 1987년 4월 한국GMP 규정에 따라 설비를 갖춘 한국의 최대 제조공장 중의 하나인 안산 제조공장을 설립했다.

제약 사업에 뛰어든 지 40년이 지난 일성신약은 책임을 다했다는 성취감을 주는 신뢰할 수 있는 제약회사로 발돋움했다.

일성신약은 활발한 경영활동을 위해 미국, 일본, 이탈리아, 스위스, 독일로부터 원료를 공급받고 기술을 제휴하기도 했다.

이후 화장품 시장에도 나선 일성신약은 2002년 LG생활건강과 원료공급 및 기술제휴를 체결하고 미국 애보트를 독점 수입하는 공급계약을 체결했다.

이어 2003년 12월엔 미국의 'GSK'와 원료공급 및 기술제휴를 재계약했다. 지난 2004년 7월에는 일본의 '시세이도'와 독점 수입 공급 계약을 맺었다.

일성신약의 마케팅 전략은 설립자인 윤병강 회장의 경영철학과 이념을 바탕으로 한다. 윤 회장은 더 좋은 기업상을 정립, 영구히 발전할 수 있도록 인 직원들이 최선을 다해야 한다는 경영이념을 갖고 있는 것으로 알려졌다.

경영이념 슬로건으로는 '과거를 지표 삼아(분석), 미래를 예측하고(기획), 현실을 살아가자(행동)'는 내용이다. 또 사훈 및 이념인 '나를 사랑하고, 회사를 사랑하고, 국가를 사랑하자'는 정신을 사회에 심는 데 주력한다.

일성신약은 현재의 보조를 늦추지 않고 앞으로도 계속해서 국내뿐 아니라 세계 제약시장에서도 헌신하겠다는 계획이다. 이에 따라 전 세계 사람들의 삶을 풍요롭게 하는데 필요하다고 생각되는 약품을 개발해 미래의 책임을 다하겠다고 밝혔다.

현재의 사회 경제적 여건에 효과적으로 대처해 나갈 뿐 아니라 사람들의 필요를 정확히 반영하는 제품을 만드는 것이 일성신약의 바램이다.

이를 위해 일성신약은 수입, 마케팅, 유통을 포함하는 본격적인 제약 사업 및 운영을 개시했다. 1970년 범양제약을 인수한 후, 일성신약은 그 사업 활동을 확장하고 약품의 제조를 시작했다.

일성신약은 의약품 제조, 판매업뿐만 아니라 원료의 제조, 재배, 가공 및 판매업도 주력하고 있으며 최근에는 화장품 제조 및 판매에도 역량을 모으기 시작했다.

화장품 시장 진출로 사업 성공 예감

일성신약의 2005년도 3/4분기보고서에 따르면, 순매출 규모는 576억원이다. 영업이익은 154억원, 경상이익은 233억원이다. 그리고 당기순이익은 162억원이다.

일성신약은 최근 몇 년간 정체된 매출을 신장시키고, 편중된 제품구조 개선과 다국적 제약사들과의 시장경쟁력을 제고하기 위해 2005년 9월 조영제 사업부를 신설, 조영제 사업을 전문화했다.

특히 일본의 시세이도 메디컬과 제휴하고 시세이도 사업부를 발족, 사업다각화와 OTC시장의 진입을 시도한 것은 주목할 만하다.

시세이도 메디칼 사업부의 기능성화장품 등은 거점약국 중심으로 점차 수요가 증가할 것으로 예상되며 향후 다양한 마케팅을 전개해 성공적인 사업으로 성장할 것으로 관측된다.

일성신약은 2004년, 당뇨병 관련 치료제인 '글리메피리드정'과 '치옥타민정', 고혈압 치료제인 '타카정' 그리고 진해거담제인 '이드롤캅셀' 등 신제품을 출시하여 제품구조를 개선하고 있다는 평가를 받기도 했다.

탐구&분석② 일성신약의 자산 파헤치기

2005년 3/4분기 말 현재 일성신약의 총자산은 1846억원인데 비해 부채는 283억원에 불과하다. 이는 2004년 말 총자산 1405억원과 부채 138억원을 비교해 볼 때 부채증가보다는 자산증가 속도가 더 빠름이 드러난다.

자본금은 133억원이고, 자본잉여금이 165억원, 이익잉여금이 988억원이나 되어 유보율도 상당히 높은 편이다. 2005년 3/4분기 말 현재 현금 및 현금등가물 118억원, 단기금융상품 19억원, 단기매도가능증권 1070억원을 보유하고 있어 가용자금의 대부분을 주식투자에 활용하고 있음을 알 수 있다.

또 고정자산에 속하는 장기매도가능증권도 99억원이나 되고, 유형자산에 해당하는 토지도 장부가로 114억원이지만 공시지가는 159억원이나 된다.

자본조정계정의 매도가능증권평가이익이 282억원이나 되는 데 이는 2004년도 147억원의 두 배나 되는 셈이다.

일성신약의 단기매도가능증권 추이를 살펴보면, 2003년 말 235억원에서 2004년 말 805억원으로, 그리고 2005년 3/4분기 말 1070억원으로 그 규모가 확대일로이다.

일성신약의 주요 재무비율을 보면, 2005년 상반기 말을 기준으로 유보율 927%, 부채비율 15%, 매출액증가율 10.1%, 순이익 증가율 5.6%, ROE 14.2%를 기록하고 있어 매우 양호하다.

(단위 : 천원)

구 분	제46분기	제 45 기	제 44 기	제 43 기	제 42 기
[유동자산]	156,063,678	115,740,497	77,280,941	69,282,405	71,482,422
· 당좌자산	143,446,143	103,025,355	62,231,824	54,965,391	56,455,949
· 재고자산	12,617,535	12,715,142	15,049,117	14,317,014	15,026,473
[고정자산]	28,547,924	24,801,184	38,037,561	33,580,626	19,221,026
· 투자자산	10,520,631	6,160,563	19,428,851	14,654,668	716,696
· 유형자산	17,998,659	18,616,343	18,583,846	18,922,164	18,497,361
· 무형자산	28,634	24,278	24,864	3,794	6,969
자산총계	184,611,602	140,541,681	115,318,502	102,863,031	90,703,448
[유동부채]	26,782,761	13,055,461	12,995,157	12,344,932	13,941,614
[고정부채]	1,613,611	827,139	728,813	639,434	706,992
부채총계	28,396,372	13,882,600	13,723,970	12,984,366	14,648,606
[자본금]	13,300,000	13,300,000	13,300,000	13,300,000	13,300,000
[자본잉여금]	16,573,455	16,573,455	16,573,455	16,573,456	16,573,455
· 자본준비금	–	–	–	–	–
· 재평가적립금	16,573,455	16,573,455	16,573,455	16,573,456	16,573,455
[이익잉여금]	98,835,558	83,626,964	70,102,002	60,005,209	46,181,387
[자본조정]	27,506,217	13,158,662	1,619,075	–	–
자본총계	156,215,230	126,659,081	101,594,532	89,878,665	76,054,842
매출액	57,619,787	71,483,671	68,231,907	67,627,819	58,507,429
영업이익	15,468,631	16,344,543	15,238,562	18,841,989	18,252,372
경상이익	23,344,317	21,389,242	17,203,670	20,326,395	22,584,534
당기순이익	16,272,594	14,322,961	11,426,793	13,823,822	15,271,330

〈표4〉 요약재무정보

높은 재무안정성 유지 긍정적 평가

일성신약은 국내 제약업계의 불황여파에도 불구하고 주력 제품인 오구멘틴정의 꾸준한 매출증가가 이루어졌다.

또 편중된 제품구조의 개선 및 일본의 시세이도 메디컬과 제휴도 긍정적인 평가를 받는다. 이와 관련 시세이도 사업부를 발족하여 사업다각화를 추구하고 있다는 점과 OTC 시장의 진입시도도 긍정적인 전망을 낳게 한다.

제약 업종에 속하는 다른 회사들보다 낮은 부채비율 및 무차입 경영상태를 지속하고 있다는 점과 양호한 현금 흐름을 바탕으로 높은 재무안정성을 유지한다는 사실은 일성신약이 장기투자 종목으로 꼽히는 이유이다.

특히 MRI 보험급여 적용으로 주력 매출 품목인 조영제의 사용이 확대됐다는 점도 지속적으로 일성신약의 호재가 될 것으로 보인다.

주력상품인 페니실린계 항생제 오구멘틴의 꾸준한 매출증가와 GSK와의 도입계약을 연장해 영업 리스크를 감소시키려는 노력 등은 수익성 개선에 일조할 것으로 전망된다.

(단위 : 백만원)

사업부문	매출유형	품 목	구체적용도	주요상표등	매출액(비율)
의약품	제품	오구멘틴	항생제	오구멘틴	15,207(43.2%)
		일성이오메론	조영제	이오메론	4,411(12.5%)
		일성이오파미로	조영제	이오파미로	4,208(12.0%)
		원알파	골대사개선제	원알파	1,902(5.4%)
		독시움	당뇨병성 망막증개선제	독시움	2,295(6.5%)
		기타	-	-	7,184(20.4%)

〈표5〉 주요 제품의 현황

양호한 재무구조 유지

일성신약의 주요재무비율을 살펴보면, 부채비율이 2002년 말 16.2%에서 2003년 말 13.5%, 2004년 말 11%, 2005년 상반기 말 15.4%로 10%선을 유지중이다. 또 유보율은 2002년 말 565%, 2003년 말 663%, 2004년 말 852%, 2005년 상반기 말 927%로 순이익 증가가 유보율 증가에 크게 기여하고 있음을 보여준다.

이에 따라 ROE의 경우도 2002년 말 16.8%에서 2004년 말 12.6%, 2005년 상반기 말 14.2%를 기록해 매우 높은 수준임을 증명한다.

2005년 상반기 말 현재 한 주당 순이익(EPS)이 7032원이고 한 주당 순자산(BPS)이 51363원에 달해 수익가치나 자산가치면에서 투자자들의 관심을 끌 만한 종목임이 분명하다.

일성신약의 주주이자 자회사인 (주)씨스코통상은 의약품 도매 회사로 서울시 용산구 원효로에 소재해 있다. 1994년 5월에 설립된 (주)씨스코통상의 자본금은 10억원이며, 연 22억원의 매출을 기록했다.

일성신약의 주식 9%를 (주)씨스코통상이 보유하고 있고 (주)씨스코통상 역시 일성신약의 지분 18.5%를 가진 것으로 공시되었다.

2005년 3/4분기 보고서에 따르면, SK주식 20만주(장부가 123억원), KT주식 14만주(장부가 64억원), 한국전력 주식 18만주(장부가 66억원), 삼성물산 주식 322만주(장부가 582억원), 삼성중공업 주식 104만주(장부가 159억원), 현대오토넷 주식 110만주(장부가 75억원), 삼성카드전환사채 98억원 등 매도 가능 증권이 1170억원이나 된다.

이 중에서 2005년 10월 한국전력 주식은 모두 처분을 했고, 11월에는 현대오토넷 주식을 일부 처분하여 2005년 12월 18일 현재 70만주를 가지고 있다.

물론 삼성물산의 주식은 계속해서 사들여 12월 13일 공시내용에 따르면, 441만주(2.83%)를 보유하고 있는데 이는 12월 18일 현재 주가로 계산해 볼 때 880억원이나 되는 수치로 자본금 133억원의 약 7배나 되는 큰 규모이다.

일성신약의 지분구조를 보면, 대표이사인 윤석근 사장은 15만주로 5.9%의 지분을 가졌다. 윤 사장의 형인 윤영근은 19만주로 윤 사장보다 많은 7.3%를 보유중이다.

그리고 특수관계인인 대정장학회에서 11만주인 4.1%, 씨스코통상에서 49만주인 18.5%를 보유하고 있어 전체적으로 최대주주와 특수관계인이 보유한 주식은 147만주로 전체 발행주식수의 55.4%를 차지한다.

한편, 5% 이상 주식을 보유한 주주에는 외국계 펀드와 상장회사인 그린화재가 있다.

또 주식분포 상황을 살펴보면, 개인소액주주 지분은 17.3%인 46만주에 불과해 전체 발행주식수 266만주에 비하면 유동성이 많이 미흡한 것으로 나타난다.

[2005. 09. 30 현재]　　　　　　　　　　　　　　(단위 : 주, 백만원, %)

구분	계정과목	법인명 또는 종목명	기초잔액			증가(감소)및평가 내역				기말잔액		
			수량	지분율	장부가액	수량	취득(처분)가액	평가손익	처분손익	수량	지분율	장부가액
국내	매도가능증권	씨스코통상	18,000	0.09	90	–	–	–	–	18,000	0.09	90
		SK	204,570	0.16	11,640	–	–	736	–	204,570	0.16	12,376
		KT	145,498	0.25	6,038	–	371	371	–	145,498	0.25	6,409
		SBS	300,003	1.15	9,060	(300,003)	8,200	–	(860)	–	–	–
		한국전력	600,000	0.29	16,110	(414,010)	11,116	1,627	5,272	185,990	0.29	6,621
		삼성물산	1,775,700	1.14	22,818	1,450,260	22,837	12,573	–	1,856,080	1.19	58,229
		삼성중공업	1,049,420	0.45	6,779	–	–	9,172	–	1,049,420	0.45	15,951
		현대오토넷	–	–	–	1,100,640	5,461	2,033	–	1,100,640	0.61	7,495
		KT(EB)	–	–	8,100	–	8,100	–	–	–	–	–
		삼성카드CB	–	–	5,152	–	4,074	577	–	–	–	9,804
		도시철도공채	–	–	29	–	11	–	–	–	–	40
	합　계		–	–	85,816	1,836,887	–	27,089	4,412	–	–	117,015
	출자금	의약품물류조합	–	0.97	50	–	50	–	–	–	–	–
		의약품수출입협회	–	–	6	–	–	–	–	–	–	6
	합　계		–	–	56	–	–	–	–	–	–	6
합　계			–	–	85,872	1,836,887	–	27,089	4,412	–	–	117,021

〈표6〉 타 법인출자 현황

탐구&분석④ 일성신약의 약점

일성신약도 해성산업과 마찬가지의 고민을 가지고 있다. 거래가 활발하지 못하다는 점이다. 이에 따라 일성신약은 이런 단점 때문에 장기투자 종목으로 권장되는 게 바람직한 종목이다.

특히 일성신약은 최대주주를 비롯한 특수관계인의 지분이 55%나 되고 법인 기타 주주가 25.4%를 보유하고 있어 주로 단기 매매에 나서는 개인소액주주 비중 17.3%를 감안하면 유통물량이 적은 편에 속한다.

기관투자가나 외국인들의 적극적인 매수세를 기대하기가 쉽지 않은 이유 중 하나이다.

주주의 이익을 신경 쓰지 않는 일성신약

특히 일성신약의 경영에 대해 일각에서는 주주의 이익을 신경 쓰지 않는 회사라는 평가를 하기도 한다.

일성신약은 지난 2000년 이후 매년 6~10% 현금배당을 하고 있고, 차입금 없는 내실경영을 하고 있다. 하지만 주주의 입장에서는 주가가 높아짐에 따라 배당수익률 측면에서 매력적이지 못하다는 부정적인 평가도 나오는 상황이다.

　물론 액면 5000원 대비 300~500원의 현금 배당을 실시했지만, 이 회사의 순이익 규모를 감안하면 배당금액이 적다는 의견이 바로 그것이다.

　일성신약의 순이익 규모를 보면, 매년 120~130억원 정도이다. 이에 비해 배당금은 고작 13억원 정도 밖에 안 주고 있는데 이는 순이익의 10% 정도만 배당을 준다는 얘기이다. 즉, 현금배당성향이 10%에도 미치지 못하고 있어 소액투자자들이 배당투자에 나서기에는 높은 주가가 부담이 될 수밖에 없다.

　또 회사의 가용자금을 최대한 활용해 본업보다 주식투자를 주업으로 삼고 있다는 견해도 많다. 보유주식의 주가가 상승한다면 큰 문제는 없겠지만 만일 매수가격 아래로 주가가 하락하면 큰 손실을 입을 수도 있다는 점은 항상 염두해 두어야 한다.

　특히 삼성물산 한 종목에 441만주를 투자하고 있어 시가로 880억원이나 되어 자본금보다도 몇 배나 큰 데 이를 두고 일각에서는 "제약회사가 아니라 무슨 투자회사 같다"는 비난조의 의견을 내놓고 있기도 하다.

　특히 일성신약은 다른 제약회사들에 비해 적극적인 신약개발에 앞장서지 않고 있다는 점도 회사에 대해 부정적인 시각들을 갖게 하는 요인으로 작용하는 듯하다.

CEO 엿보기

뚝심과 소신 넘치는 창업주

윤병강 일성신약 회장은 대우증권의 전신인 동양증권의 대표로 재직한 바 있다. 대우증권은 1983년 동양증권과 삼보증권이 합병된 회사이다.

"은행구조조정을 위해 정부가 앞장서 출자를 한 다음 주가가 오르면 환수하는 방식이 바람직합니다. 감자를 해 개인주주들에게 손실을 입혀서는 안 됩니다."

1998년 9월, 윤병강 회장이 한 말이다. 당시 그의 나이 68세이다. 그는 당시 정부가 추진하고 있는 부실은행 감자(주식감소) 방침에 대해 이같이 지적하면서 반대한다는 뜻을 분명히 하기도 한 배짱 좋은 호인이다.

윤병강 회장은 그 동안 일성신약을 경영하면서 은행주식에 주로 투자해 왔다. 1969년에는 자본금 5000만원으로 동양증권(현재 대우증권의 전신)을 직접 설립하기도 했다.

또 1981년 정부의 시중은행 민영화 방침 이후 한일은행 주식 1650만주(지분율 16.5%)를 200억여 원에 인수하기도 했다.

이처럼 주식에 관심을 갖고 있던 그의 경영스타일은 오늘날 일성신약에도 고스란히 반영되고 있는 셈이다.

일성신약이 삼성물산이나 삼성중공업, 현대오토넷의 주식에 투자하는 것도 이런 이유에서다. 이들 업체의 주가가 상승하게 된다면 더불어 일성신약의 수익도 증가하게 된다.

윤병강 회장의 경영스타일은 투자자들을 비롯한 업계의 주목을 지속적으로 받아왔다. 회사의 신제품 개발도 중요하지만 그의 주식투자 방식이 회사에 미치는 영향이 무엇보다 크기 때문이다.

종목8
069500
__KODEX200

"분산투자의 효과를 최대한 누려라!"

KODEX200의 매력포인트

2005년 하반기 들어 코스피지수와 코스닥지수가 사상최고치를 기록하며 상승기조를 이어가고 있지만 막상 어떤 종목에 투자할 것인가를 결정하기란 쉬운 일이 아니다.

하필이면 내가 사는 종목만 오르지 않는 경우도 있고, 또 그렇다고 해서 무조건 유망해 보이는 종목에 무모하게 전액을 투자할 수도 없는 게 현실이기 때문이다.

■ 증권거래세 부담 없다

이처럼 예측할 수 없는 주식시장의 흐름에 맞추어 투자수익을 올리기에 적합한 종목이 있는데 바로 ETF의 일종인 KODEX200이다.

KODEX200은 코스피200 지수의 움직임을 추종하는 종목으로 투자자 입장에서는 분산투자의 효과를 최대한 누릴 수 있기 때문이다. 다른 종목과 달리 증권회사에 내는 수수료는 당연히 내야 되겠지만 증권거래세를 물지 않아도 되는 장점이 있다.

현재 증권회사를 통한 주식매매 수수료는 일반 매매의 경우 1억원당 0.5%

인 50만원이고 주식을 매도할 때에는 세금 30만원을 더 내야 하므로 주식을 한번 매매할 때마다 130만원의 부대비용이 필요하다.

물론 HTS를 통한 매매의 경우 0.1% 정도의 수수료를 부담한다고는 하지만 역시 세금을 포함해서 1억원당 50만원의 부대비용이 필요한 셈이다.

일부 증권회사의 경우 1억원당 0.03%인 3만원에도 못 미치는 수수료를 받고 있는데 이 경우 0.3%인 세금의 비중이 얼마나 큰지를 알 수 있다.

KODEX200은 상장지수펀드(ETF)로 2002년 10월 거래소에 상장된 후 외국인 지분이 별로 없었다. 2003년 4월 22일 25.82%의 최고치를 기록하기도 했었다가 없어졌다.

이후 2005년 7월 들어 다시 증가세를 나타내고 있다. 외국인들이 이 종목을 산다는 것은 주식시장이 상승세를 보일 것이라는 것을 암묵적으로 나타내는 증거임에 분명하다.

한때는 코스피200 지수를 벤치마크하는 KODEX200을 비롯한 상장지수펀드(ETF)들이 2주 연속으로 주식형 펀드보다 높은 수익률을 올리기도 했다. KODEX200이 2005년 7월, 단 2주 만에 1.2%가 급등했기 때문이다.

높은 위험분산 효과

그렇다면 상장지수펀드(ETF)라 불리는 'ETF' 란 무엇일까. ETF는 Exchange Traded Funds의 약자다. 이는 주가지수를 펀드로 만들어 주식처럼 사고 파는 상장지수펀드이다.

코스피200과 같은 특정 주가지수의 수익률을 따라가는 지수연동형 펀드를 만든 뒤 이를 사고 파는 상품이다.

목표주가지수 구성종목들로 만들어진 주식꾸러미를 현물로 납부해 펀드를 구성하고, 이를 바탕으로 발행된 ETF주권을 거래소에 상장해 일반 주식처럼 거래하는 것을 말한다. 거래는 주식처럼 하지만 성과는 펀드와 같은 효과를 낸다.

ETF는 지수에 투자하는 것이므로 일반투자자가 쉽게 접할 수 있는 뉴스나 신문기사로 투자판단이 가능하다. 대체로 주식시장의 흐름을 통해 주가지수가 오를 것이냐 내릴 것이냐를 판단하면 된다. 또 개별주식에 투자하면 주식시장 전체 움직임에 따른 위험은 물론 개별종목이 지닌 위험까지 부담해야 하는 반면 ETF는 주식시장 전체의 위험만 따지면 된다.

개별주식에 투자할 때는 보통 3~5개 종목에 한정되기 때문에 위험분산이 어렵다. 그러나 ETF는 주식시장 전체에 투자하는 것과 똑같은 효과를 내므로 소액투자를 통해서도 높은 위험 분산효과를 거둘 수 있다. 예를 들어 특정한 한 종목의 주식을 보유하고 있던 중 그 회사가 파산한 경우에는 투자자가 모든 것을 잃을 수밖에 없다. 그에 비해 ETF의 경우 대상 주가지수를 구성하는 종목에 폭넓게 투자하는 효과가 있기 때문에 개별종목에 투자하는 것보다 그만큼 리스크가 분산된다고 할 수 있어 개별주식의 투자위험을 회피할 수 있게 된다.

소액으로 대형우량주 분산투자 가능

기관투자가들은 고객으로부터 예탁받은 자금을 낮은 리스크를 부담하며 장기 안정적인 수익을 얻기 위해 주가지수를 구성하는 많은 종목에 직접 분산 투자하는 형태를 취하는데 ETF는 선물옵션 시장과 연계된 헤지 등 위험관리 수단을 제공함과 동시에 지수연동형이므로 장기적이고 안정적인 자산운용 수단을 제공한다.

한편, 자금 규모가 작은 개인투자자의 경우 기관투자가와 같은 인덱스 운용은 불가능하지만 ETF를 이용할 경우 주가지수에 연동되도록 운용하는 장점을 가지고 있다.

우리나라에 도입된 ETF의 경우 코덱스200의 예를 보면, 기초자산은 종합주가지수인 코스피지수가 아니라 시가총액 상위종목 200개 회사로 구성되어 대표성을 지니는 코스피200 지수이다.

상장된 ETF 한 주의 가격은 코스피200 지수에 100을 곱한 값이고, 최소거래단위는 일반주식처럼 10주이다. ETF에는 KODEX200, KODEX Q(코스닥 50지수), KODEX KODI, KOSEF 등이 있다.

KODEX200의 경우 유가증권 시장에 있는 우량상장종목으로 구성된 코스피200 지수를 따라가도록 설정되어 있다. 즉, KODEX200의 수익률은 코스피200 지수의 등락에 좌우된다고 해도 과언이 아니다.

물론 KODEX200이 코스피200 지수를 추종하나 사고 싶어도 못 살 경우 또는 팔고 싶어도 못 팔 경우 즉, 수요와 공급이 불일치하게 되면 오차가 발생하기도 한다. 코스피200 종목 전부를 시가총액 비율대로 보유해야 하는데 100% 만족시킬 수 없는 현실 때문이다.

그래서 코스피200과 KODEX200의 괴리를 이용한 차익 거래가 이루어지기도 한다. 즉, 고평가된 KODEX200을 팔고, 저평가된 코스피200을 산다든지 하는 것이 그 예라고 할 수 있다.

KODEX200은 펀드지만 주식처럼 매매할 수 있고, 또 펀드라도 펀드매니저가 아닌 본인이 직접 매매하며 소액의 자금을 가지고도 대형우량주를 분산투자하는 것이 가능하며 개별종목투자 위험을 줄일 수 있는 점이 장점이다.

기관투자가 입장에서는 파생상품을 활용하지 못할 경우, 선물이 아닌 ETF를 대안으로 삼을 수도 있고 또 개별종목 투자 외에 주식시장의 지수를 벤치마킹하는 수단으로도 활용이 가능하다.

실시간(Real time)으로 매매 가능

　일반적인 펀드의 경우 기준가격으로 설정 또는 해지가 일어나고 설정이나 해지의 신청은 종가가 결정되기 전에 이루어짐으로 설정이나 해지를 신청하는 일반투자자의 경우 설정가격 또는 해지가격을 모른 채 신청을 하게 된다.

　반면에 ETF는 매매 시간중에는 언제라도 일반 종목의 주식과 동일한 방법으로 매매를 할 수 있고 가격을 지정하여 주문을 내는 지정가 주문으로도 가능함으로 환금성이 어느 정도 보장되어 있다고 본다.

　물론 사고 싶을 때 팔자 물량이 없다거나 팔고 싶을 때 사자 물량이 없다면 매매가 안 이루어지게 되어 환금성이 없는 경우도 발생하기는 하지만 이는 일반 종목의 주식매매에서도 마찬가지이다.

〈표1〉 KODEX200 주봉

어쨌든 ETF의 가격을 보면서 투자자가 사고 싶은 가격에 매수 주문을 낸다든지 팔고 싶은 가격에 매도 주문을 내는 결정권을 갖고 있다는 점은 일반 펀드의 설정이나 해지에서 염려되는 불확실한 가격의 부담을 덜어주는 부분이다.

탐구&분석 ① KODEX200 바로알기

소액투자 가능하게 설계되어 있다

KODEX200이란 상장지수펀드는 KOSPI200이라 불리는 우리나라 증권선물거래소 유가증권 시장의 대표주식 200 종목의 흐름과 동일하게 움직이도록 설계된 상품이다.

이 상품은 일종의 지수 관련 펀드인 셈이다. 일반펀드와는 달리 주식과 같이 매매가 가능하도록 설계되어 있는 펀드로써 이는 현물시장보다 선물시장과 더 연관이 깊다.

일반적으로 개인이 선물을 매입하기에는 금액이 크고 한 번에 들어가는 돈이 많다. 따라서 이를 모아서 투자를 하는 펀드라고 생각하면 이해가 쉬워진다.

이 펀드는 개인투자자들이 주가상승이 예상되는 시점에서 장기 적립식으로 주식시장에 소액으로 투자할 경우 유리하다. 특히 저금리 시대에 있어서 주가 상승률이 금리 수익보다 높을 경우, 은행 예금보다 높은 수익을 얻을 수 있기 때문이다.

일반투자자 입장에서 배당 및 주가차익으로 투자수익의 극대화를 얻으려 한다면, 직접 투자대상이 되는 회사를 선택해서 투자해야 하지만 손실을 볼 가능성도 항상 염두에 두어야 하는 데 ETF의 경우 주가상승기에는 적은 금액을 가지고 적립식으로 한 달에 얼마 정도씩 매달 투자하는 것이 이 펀드를 통한 투자 방법의 하나이다.

또 ETF 거래에 따른 세금이 부과되지 않기 때문에 지수가 박스권으로 움직일 때 저점매수 고점매도를 하면 수익의 극대화를 꾀할 수 있다. 다시 말해 개별 종목의 기업내용을 분석하지 않고 큰 경제흐름을 보고 적립식으로 꾸준히 투자하면 좋은 결과를 볼 수 있는 형태의 펀드이다.

‘KODEX200’의 간단한 매매방법

KODEX200은 비록 펀드지만 일반주식처럼 거래된다. 투자자 입장에서는 주식과 똑같다고 보면 된다. 마치 삼성전자 주식을 사고 팔듯이 펀드를 사고 파는 형식이다.

투자 절차는 증권회사에 가서 주식계좌를 개설하는 것이 첫 번째이다. 이후 계좌에 입금한 뒤 직접 주문표를 작성하든지 또는 전화로 증권회사 직원에게 KODEX200을 사달라고 하면 된다. 코드번호는 069500이다.

수수료는 저렴하지만 본인이 직접 관심을 갖고 매매에 대한 최종 결정을 내려야 하는 단점도 있다.

또 적립식 펀드와 다른 점은 본인이 직접 매달 일정한 날에 매매를 해야 한다는 점이다.

하지만 상장지수 펀드에 적립식 투자를 하려는 투자자가 있다면 펀드가입으로 수수료를 상대적으로 많이 떼이는 것보다 KODEX200을 매달 매수하는 방식을 취하는 게 훨씬 나은 투자방법일 수도 있기 때문이다.

▌자녀에게 들어줄 만한 적립식 펀드

KODEX200은 주식시장의 상승세를 전제로 한다면, 종목선정의 어려움을 벗어날 수 있어 자녀에게 들어줄 만한 적립식 펀드이다.

KODEX200은 시장의 지수와 연동되어 움직이는 주가지수 펀드이다. 주식시장은 상승기보다는 하락기가 긴 경우가 많은데 이러한 긴 하락기에 지속적으로 투자를 해 둔다면 나중에 주가 상승기에 기대 이상의 많은 이익을 얻게 된다.

또 KODEX200은 시장의 지수와 연동되도록 설계된 펀드이므로 한 회사가 망했다고 해서 투자한 자금이 전부 손실처리되지 않는다. 이러한 이유에서 KODEX200은 주식시장 내에서 분산투자 효과를 볼 수 있는 대안투자 중의 하나인 셈이다.

실례로 현재의 삼성전자는 굉장히 좋은 회사이다. 그래서 10년이든 20년 동안이든 삼성전자에 투자를 해도 된다. 그러나 기업이란 10년 뒤를 알기 어렵다. 현재 세계 경제시장은 그 경쟁이 치열하고 불투명해 10년 뒤의 삼성전자의 영업실적은 아무도 알 수 없다.

지금보다 더 흥할지 망할지는 누구도 모른다. 그러나 이 펀드는 그렇지 않다. 만일 삼성전자가 중간에 조금 삐그덕거린다 할지라도, 주식시장에서는 또 다른 회사가 삼성전자의 역할을 대신해 줄 수도 있다는 말이다. 이를테면 하나의 회사가 망한다 할지라도 그 충격이 개별 종목에 비해 적은 편이다.

또한 KODEX200은 분배금(배당금)도 받게 된다. KODEX200 내에 있는 회사들이 배당을 한 경우 일정한 경비를 공제한 후 이를 분배금으로 받는다. 안전도를 최우선으로 한다면 배당투자이익과 낮은 변동성으로 주식시장 내에서는 비교적 큰 불안없이 투자를 할 수 있는 상품이다. 적립식이면 더욱 그 안전도가 확보된다고 할 수 있다.

물론 자금을 회수하는 시점 즉, 펀드를 매도하는 시점에서 주가지수가 어떻게 되느냐가 가장 중요하겠지만 적립식이라고 할지라도 주식형 펀드는 환매 시점의 주가지수에 따라 이익 또는 손실 여부가 판가름이 난다.

KODEX200은 증권회사에 가서 주식을 매매할 수 있는 계좌를 만들면 된다. 그리고 나서 KODEX200을 매달 적립식으로 직접 매수를 하도록 하라.

미성년자의 경우 10년 동안 1500만 원의 증여는 증여세가 면제된다. 그러므로 10년 이상을 생각한다면 1년에 150만 원 이내로 자녀명의로 투자를 하는 것도 한 방법이라고 할 수 있다. 20세 이상인 경우에는 증여세 면제 한도가 3000만원임으로 10년 동안 매년 300만원 이내에서 한달에 25만원까지 부모가 불입해 주면 된다.

물론 매년 증여한 금액을 세무서에 신고해 미리 증여 확인을 해 두면 더욱 좋다. 증여확인서를 받아두면 그 투자금액이 크게 불어날 경우 세금 문제를 쉽게 해결할 수 있기 때문이다.

일반 종목처럼 매매가 가능한 KODEX200

KODEX200은 KOSPI200 지수를 기초로 하여 만든 ETF 종목이다. 원론적으로 KOSPI200의 모든 종목을 지수의 시가총액 비중에 맞춰 구성해야 하지만, 실제로는 조금씩 차이가 있다.

ETF는 인덱스 펀드이지만 증권선물거래소에 상장하여 거래하기 때문에 주식과 같은 방법으로 거래가 가능하다.

거래시간 중에 자유로이 현재가격에 따라 매매가 가능하고 매매의 방법도 일반주식과 같이 증권사에 직접 주문을 내거나 HTS(홈트레이딩시스템) 또는 전화로 매매가 가능하다.

ETF는 일반 주식과 같이 거래되지만 회사의 주식이 아니라 특정주가지수를 따라가 수익을 내는 것을 목적으로 하는 인덱스 펀드이다.

 기존의 인덱스 펀드가 투자의사 결정과 실제 투자간에 시간적인 차이가 존재할 수밖에 없었던데 비해 ETF는 이러한 단점을 보완했다.

 즉, ETF는 주식과 같이 시장에서 지속적으로 거래가 가능하다. 따라서 투자자는 원하는 가격과 시간에 시장에서 매매하면 된다.

탐구&분석②　KODEX200 접근방법

ETF 한 주 가격은 대략 해당지수 '×100'으로 계산하면 된다. 즉 코스피 200 지수가 130일 경우, KODEX200의 가격은 한 주에 1만3천원인 셈이다. 유가증권 시장에서는 최소 매매단위가 10주이므로 13만원이 있어야 거래가 이루어진다.

강세시장을 예상할 경우 매수하는 것이 필요하고 또 장기투자시에도 기간을 분할하여 매수할 수 있다. 매입 가격이 하락할 경우 향후 주가상승을 예상해 평균가를 낮추는 적립식 펀드와 같은 매매전략도 유효하다.

또 개별주식에서 볼 수 있는 과도한 주가상승에 대한 기대보다 지수의 수익률만큼 수익을 올리겠다는 안정투자의 경우 유효한 투자 상품이다.

자산형성을 위한 장기투자

ETF는 매일 TV 및 신문에서 보는 주가지수에 연동되기 때문에 대상주가지수의 폭넓은 구성종목에 분산투자하는 것과 동일하다.

이에 따라 투자판단이 용이하고 분산투자에 따른 리스크가 축소됨으로써 증권투자를 해 본 경험이 없는 투자자들도 보다 손쉽게 장기적이고도 안정적인 수익을 도모하는 데 적합한 상품이다. 더욱이 신탁보수가 낮다는 것은 장기투자의 관점에서도 큰 메리트가 된다.

모든 증권회사 이용가능

통상의 펀드는 당해 상품을 취급하는 판매회사 이외에는 설정이나 해지가 불가능하지만, ETF는 주식과 마찬가지로 어느 증권회사에서도 취급이 가능하기 때문에 투자자는 이미 계좌를 가진 증권회사를 통하거나 또는 어느 증권회사에서도 새로이 계좌를 개설하면 거래가 가능해진다.

탐구&분석③　KODEX200의 약점

ETF는 주식에 투자하는 펀드로써 주식시장에서 거래되는 상품이기 때문에 다음과 같은 리스크가 있으며 일반투자자의 경우 이러한 리스크를 충분히 고려해야 한다.

가격변동 리스크

ETF란 원칙적으로 전체 자산을 주식으로 운용하는 상품이기 때문에 편입된 종목의 주가 움직임 등에 의해 ETF의 시장가격이 상하로 움직이게 된다. 이에 따라 ETF를 매수한 경우 주가하락시에는 투자원금을 하회할 가능성도 배제할 수 없다. 또 ETF는 거래소에 상장되어 매매되기 때문에 당해 시장가격은 수급 및 여러 가지 요인으로 인해 변동될 수 있다.

신용리스크

ETF란 편입된 종목의 경영·재무상황의 변화 등에 의해, 투자원금의 손실을 볼 가능성도 배제하지 못한다. 또한 ETF 펀드로부터의 분배금은 주로 보유하고 있는 주식바스켓으로부터의 배당수익에 의존하고 있으므로 수익(배당금 등)에 대한 배분이 보증되어 있지 않다.

유동성 리스크

ETF 자체의 수급상황에 의해 시세의 변동이 발생할 수 있다. 즉, ETF는 거래소에 상장되어 매매되는 상품이기 때문에 예를 들어 ETF의 거래량이 적은 경우에는 당해 추적대상주가지수와 비교하여 예상되는 가격으로 매매되지 않을 가능성도 있기 때문이다.

기준가격과의 괴리율

ETF는 주가지수에 연동하도록 운용되는 상품이며, 기준가격의 변동률을 주가지수의 변동률에 일치시키는 것을 목표로 하고 있지만, 양자가 반드시 일치하는 것은 아니다.

즉 각종 비용(신탁보수) 및 보유주식바스켓으로부터의 배당금 등이 발생할 수도 있고, 대상지수에 편입되어 있는 전 종목을 시가총액 비중별로 ETF가 보유할 수 없는 경우도 있다.

추적오차의 발생 가능성

KODEX200은 추적오차가 발생할 수도 있다. KODEX200은 개별종목의 부도 발생 가능성, 편입대상 종목의 유동성 등을 감안하여 KOSPI200 지수 구성 종목을 완전히 복제하는 것이 아니라 부분적으로 복제할 것이므로 이러한 복제방법의 차이에 의해 추적오차가 발생할 가능성도 있기 때문이다. 또 포트폴리오 조정 사유의 발생으로 인한 구성종목의 교체 또는 비율 변경은 추적오차를 발생시키기도 한다.

__파라다이스

“주주이익 극대화, 안정적인 재무구조”

파라다이스의 매력포인트

파라다이스는 2005년 들어 주가가 비교적 큰 폭으로 상승했다. 이에 따라 안정적인 수익을 얻을 수 있는 배당 관련 주식 종목으로써의 관심이 높아지고 있는 편이다.

파라다이스의 경우 배당투자 유망종목으로 나오고 있는 데다가, 주가 또한 비교적 큰 변동 없이 유지되므로 장기투자 종목으로 관심을 갖기에 충분하다.

파라다이스의 가장 큰 매력 중 하나는 30% 이상의 배당 성향을 나타내고 있다는 점이다. 이런 이유 때문인지 외국 투자자들의 구미에 맞는 종목이기도 하다. 국내 투자자들에게도 역시 5% 정도의 배당수익률을 안정적으로 기대할 수 있는 종목임에는 틀림없는 사실이다.

특히 현금성 자산이 2000억원을 넘고 있어 자사주 매입에 대한 가능성이 항상 열려 있는 상태이다. 여기에 장기투자자 입장에서는 공모가인 4100원 부근에서 강력한 지지선이 형성되어 있음을 알 수 있기 때문에 좋은 결과를 예측할 수 있다.

외국인 투자자들의 지분도 늘어나는 추세이다. 2005년 2/4분기 기준으로 파라다이스 주식의 26%를 소유하고 있다. 이는 2004년 2/4분기의 17%에 비해 증가세를 보이고 있음을 증명한다.

이런 가운데 2005년 8월, 파라다이스 건설이 보유하고 있던 7.5%의 지분마저도 외국인에게 매각했다. 따라서 대주주 지분 감소에 따른 유통 물량 증대와 파라다이스 건설과의 상호지분 보유 관계를 청산함에 따라 지배구조 개선이 주가에 긍정적으로 작용할 가능성이 높아졌다.

배당 유망주인 파라다이스

2005년 9월 말 현재 코스닥 대표 배당 유망주인 파라다이스의 경우, 배당주 투자 시기가 점점 다가옴에 따라 연일 신고가를 기록했다.

실례로 9월 30일 오전 10시 18분 현재 코스닥시장에서 파라다이스는 전날보다 2.51%인 140원이 올라 5710원에 거래됐다. 파라다이스는 이날 5770원까지 오르면서 전날에 이어 52주 신고가를 갱신했다.

특히 배당투자에 대한 기대감으로 외국계인 ING창구를 통해 8만7천주가 넘는 매수세가 유입됐다.

파라다이스도 내·외국인 투자자 모두를 만족시킬 수 있도록 노력하는 중이다. 30% 이상의 배당성향, 5%가 넘는 시가배당률을 유지할 것이란 계획이다. 파라다이스는 2004년 주당 225원의 현금배당으로 배당성향은 29.8%, 배당수익률은 5.6%를 기록한 바 있다.

외국인 매수로 '동반 상승'

파라다이스는 2005년 9월 말 기준으로 연일 외국계 매수세가 유입되며 동반 상승했다.

일례로 9월 29일 유가증권시장에서 파라다이스는 기관과 외국인 매수세가

이어지면서 나흘만에 반등, 전일보다 4.07% 오른 5620원을 기록하며 신고가
를 경신하기도 했다.

　전날인 9월 28일에는 JF자산운용이 파라다이스 주식을 장내 매수해 지분
율이 9.07%로 확대됐다고 공시하기도 했다.

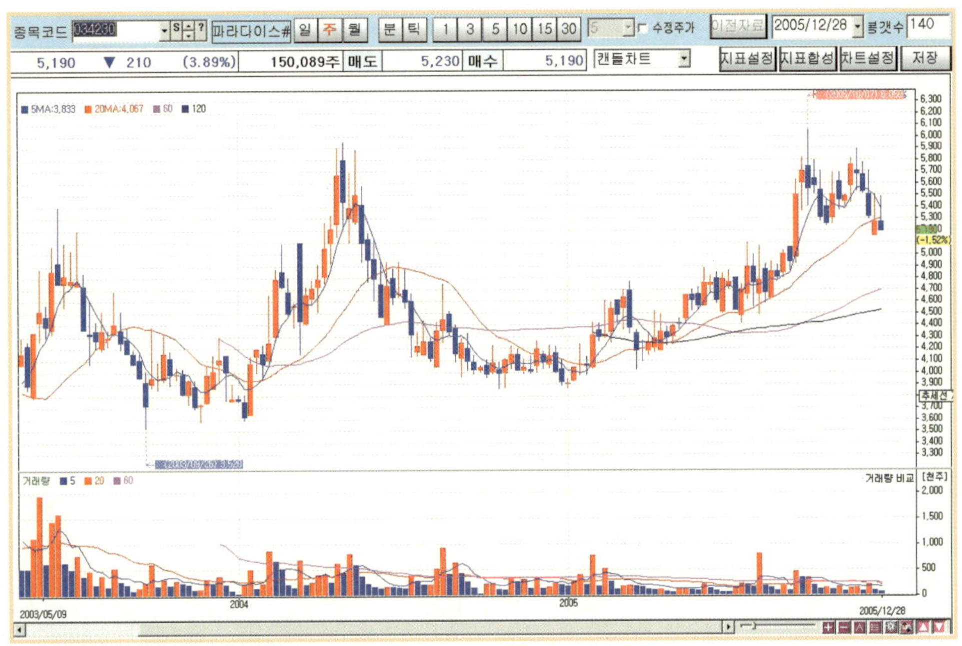

<표1> 파라다이스 주봉

탐구&분석 ① **파라다이스 바로알기**

카지노영업 · 부동산임대업 영위

파라다이스는 창립 이래 현재까지 국내는 물론 해외 카지노 사업진출 경험으로 같은 사업분야에서 국제 경쟁력을 갖춘 국내 최대 업체이다.

카지노의 주요 상품은 카지노시설(게임시설 포함)을 포함한 딜러의 숙련도와 영업장의 분위기이다. 이 가운데 딜러의 숙련도는 전 세계적으로 우리나라가 가장 높게 평가되고 있으며, 파라다이스의 영업 직원들은 직무 능력이 우수한 것으로 정평이 나 있다.

이런 성과는 체계적이고 과학적인 교육 훈련을 통한 영업력의 극대화와 지속적인 고객 유치를 위한 적극적인 판촉 활동에 기인하는 것으로 평가한다.

파라다이스는 전문 관광게이밍 기능사의 양성을 위해 2000년 파라다이스 카지노교육원을 개원하기도 했다. 총 6개월의 교육과정(주 5일, 7시간)을 이수한 각 기수별 60명의 교육생 가운데 성적 우수자에 대해 우선 취업의 기회를 제공하고 있다.

파라다이스는 동남아시아 지역 내 국가들의 카지노들과 경쟁에서 비교 우위를 점유하기 위해 일본과 동남아시아 내 주요 지역에 해외판촉사무소와 연락사무소를 운영중이다. 이를 통해 신규시장의 개척은 물론 국제 감각과 현지화한 마케팅 노하우도 축적하고 있다.

　　과학적이고 체계적으로 고객을 관리하기 위해 고객서비스 카드시스템을 도입하기도 했다. 파라다이스는 이런 과정을 통해 매출원가의 절감 효과와 함께 영업장 책임자 중심의 유연한 대 고객서비스가 제공될 수 있을 것으로 판단된다.

33년 전 설립된 화려한 역사

　　파라다이스는 1972년 4월 27일 카지노영업 및 부동산 임대업 등을 영위하기 위해 설립됐다. 설립 당시 이름은 콘티넨탈 관광(주)이란 이름이었다. 이후 콘티넨탈관광(주)은 1972년 7월 파라다이스 투자개발(주)로 다시 설립됐다.

　　현재 파라다이스는 서울특별시 소재 워커힐호텔에서 카지노 영업을 경영하고 있으며, 서울시 중구 장충동과 광진구 광장동에서 부동산 임대업을 경영하고 있다. 지난 2002년 11월 5일자로 코스닥시장에 상장시켰다.

외국인 투자자로부터 사랑받는 회사

　　파라다이스의 목적 사업은 주로 카지노업이다. 부동산 매매 및 임대업, 주차장업, 교육기관업에도 치중하고 있다.

　　향후에는 무의 파라다이스 리조트 개발사업을 추진할 계획이다. 파라다이스는 인천광역시 인천국제공항 인근 지역을 대상으로 무의 파라다이스 리조트 개발사업을 예정하고 있다.

　　파라다이스는 '삼청각 사업'에 대한 공시도 했는데, 이는 서울특별시와 삼청각 운영 위수탁 협약을 체결한 것으로 시작되었다.

이 사업은 2005년 7월부터 오는 2008년 6월 말까지 3년 간 추진될 계획이다. 사업의 주된 내용은 한식당 등 식음료 사업과 공연 사업, 전통문화강좌 사업 등이다.

파라다이스는 이 사업을 통해 카지노 및 호텔 사업과의 상호 시너지효과를 창출하고 사회기여 및 문화기업으로서의 회사 이미지를 제고할 수 있는 효과를 기대하는 것으로 여겨진다.

파라다이스의 주요 사업부문은 카지노 사업이며 이 사업의 매출액은 1322억원이다.

카지노 사업의 품목은 룰렛, 블랙잭, 바카라, 슬럿머쉰 등 총 8종으로 되어 있다.

'일본 시장 공략' 목표

파라다이스의 목표시장은 크게 일본, 동남아, 중국 등으로 세분화할 수 있다. 특히 전체 고객 가운데 점유비율이 35%가 넘는 일본시장 공략을 최우선 순위에 둔다.

또 파라다이스는 최근 급증하고 있는 중국 관광객 유치에도 적극적으로 대처하고 있다. 이는 비교적 거리가 가깝고 문화가 서로 유사한 인근 동양지역의 고객이 전체 입장객의 90% 수준으로서 주요 시장임을 시사한다.

파라다이스를 방문하는 고객은 다음의 4가지 유형으로 분류된다. 첫 번째는 'High Roller'이다. 이는 '숙련도'에 의해 주로 테이블 게임을 즐기며 고액 매출을 주도하는 개인 고객층이다. 두 번째는 당일 여행객(Low-stake)이다. 이들은 주로 슬럿머쉰과 비디오게임을 선호하는 단체 고객계층이다. 세 번째는 가족단위형 고객이다. 부부 또는 가족구성원에게 제공된 다양한 레크레이션 및 놀이를 통해 게임에 참여하는 고객층을 말한다.

(단위 : 백만원)

구 분	제 35기 3분기	제34기	제 33 기	제 32 기	제 31 기
[유동자산]	196,036	228,125	263,050	268,618	193,125
· 당좌자산	195,860	228,125	263,050	268,613	193,119
· 재고자산	176	0	0	5	6
[고정자산]	274,576	221,604	164,157	160,227	148,635
· 투자자산	190,830	141,484	88,649	88,600	81,321
· 유형자산	80,427	76,551	75,243	71,556	67,171
· 무형자산	3,319	3,569	265	71	143
자산총계	470,612	449,729	427,207	428,845	341,760
[유동부채]	47,656	46,318	80,090	44,202	93,013
[고정부채]	19,072	13,889	16,020	67,269	53,082
부채총계	66,728	60,207	96,110	111,471	146,095
[자본금]	47,032	47,032	47,032	47,032	37,480
[자본잉여금]	70,057	70,057	68,865	68,865	1,391
· 주식발행초과금	68,732	68,732	68,732	68,732	1,258
· 합병차익	133	133	133	133	133
· 기타의 자본잉여금	1,192	1,192	0	0	0
[이익잉여금]	284,831	268,406	220,686	199,020	153,847
[자본조정]	1,964	4,027	△5,486	2,457	2,947
자본총계	403,884	389,522	331,097	317,374	195,665
매출액	200,149	243,192	230,640	239,093	219,118
영업이익	44,404	50,757	52,256	60,559	49,172
경상이익	53,945	84,948	66,551	67,842	56,524
당기순이익	35,664	64,230	44,182	45,480	36,739

<표2> 요약재무정보

파라다이스의 총자산은 4706억원인데 비해 부채는 667억원에 불과하다. 또 자본금은 470억원인데 자본잉여금이 700억원이고 이익잉여금이 2848억원이나 되어 유보율이 높은 편에 속한다. 매출액 추이를 살펴보면, 2001년도부터 2004년도까지 2200억원에서 2400억원을 기록하여 큰 성장세를 보이고 있지는 않은데 2005년 3/4분기까지 2001억원의 매출을 달성하여 과거

어느 때보다 매출증가세가 클 것으로 예상된다.

영업이익은 연평균 500억원 선을 유지하고 있고, 당기순이익의 경우 2004
년에 642억원을 기록했는데 2005년 3/4분기까지 356억원에 불과해 수익성
이 줄어들고 있음을 알 수 있다.

파라다이스의 재무제표를 살펴보면, 유동자산에 속하는 현금 및 현금등가
물이 660억원이고 단기금융상품이 1010억원이며 매도가능증권도 130억원
이나 된다.

고정자산에 속하는 장기금융상품이 208억원이고 매도가능증권이 885억원
이다. 또 보유 토지의 장부가는 481억원이다.

파라다이스의 관계회사 현황

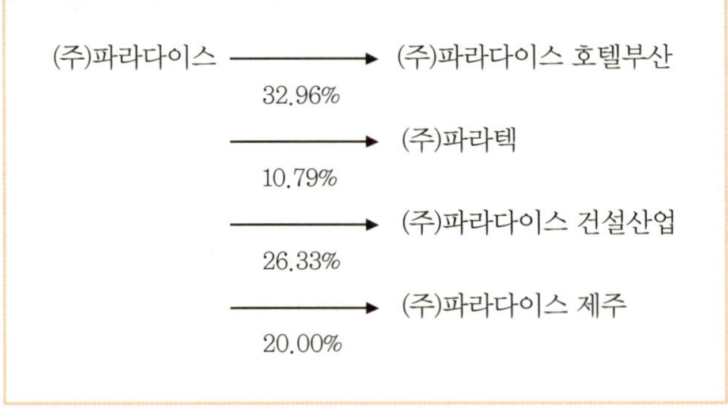

〈표3〉 파라다이스 지배구조

파라다이스의 주식분포를 살펴보면, 최대주주는 파라다이스부산으로
37.3%를 보유하고 있다. 이밖에 특수관계인 20명을 포함해 48.7%의 지분을
보유하고 있다.

주식분포 현황을 살펴보면, 개인 소액주주 지분이 16%인 1450만주여서 거래가 활발하지 못한 것을 알 수 있다.

파라다이스가 보유하고 있는 관계회사들의 지분율을 살펴보면, 파라다이스제주의 20%, 파라다이스 건설산업 26.3%, 파라다이스 호텔부산의 32.9%, 파라다이스부산의 4.5%, 파라다이스 호텔도고 70.0%, 파라텍의 10.7%, 파라다이스 미디어아트의 51.2% 등을 가지고 있는 것으로 나타났다.

관계회사1 ··· (주)파라다이스부산

(주)파라다이스부산은 파라다이스의 주식 3400만주를 보유해 37.3%의 지분을 보유했다. 이 회사는 카지노업과 투전기업을 목적으로 1995년 5월 25일에 설립됐다.

부산광역시 해운대구 중동에 본사를 두고 있으며, 2004년 유상증자 및 합병 신주발행 등으로 인해 2004년 말 기준 자본금은 16억원이다.

회사는 2004년 11월 1일자로 관계회사인 (주)파라다이스유통과 합병했다.

(주)파라다이스부산은 (주)파라다이스의 주식 3400만주인 37.3%의 지분을, (주)파라다이스 호텔부산 주식 79만주인 29.3%의 지분을, (주)파라다이스제주 주식 27만주인 44%의 지분을 보유중이다.

관계회사2 ··· (주)파라다이스 건설산업

경기도 수원시 장안구 정자2동에 위치한 파라다이스 건설산업은 도로 건설업을 하고 있는 회사다. 1969년 11월 설립됐으며, 설립 당시 회사명은 (주)경진개발이었다. 이후 1978년에 (주)부흥개발로 상호를 변경했다. 1997년 10

월 (주)파라다이스 건설산업으로 상호를 바꾸었다.

파라다이스 건설산업은 1977년 이래 이미 확보된 유명 휴양지 개발과 호텔 설계 및 건축 감독을 통해 우수한 기술과 신공법, 시공 전후의 안전성, 신속하고 경제적인 건축을 위해 신기술을 개발하고 새롭고 독특한 건축 문화 창달에 기여해 왔다.

파라다이스 건설산업의 당기말 현재 자본금은 186억원이며, 주요 주주는 (주)파라다이스 외 2개사로 (주)파라다이스가 26.33%, 나머지 2개사가 각각 10.7%를 소유하고 있다.

관계회사3 ··· 파라텍

스프링클러, 자동소화기 등 소방관련 기기를 전문으로 제조하는 회사로 파라다이스 건설산업이 13.3%, (주)파라다이스가 10.7%의 지분을 가지고 있다.

각종 대형 사고 발생으로 소방법이 점차 강화되는 추세에 있어 매출증가가 꾸준히 이어질 전망이다. 1973년에 설립된 후 1997년에 코스닥 시장에 상장되었는데 자본금은 55억원이고, 유보율은 500%를 넘겼다.

탐구＆분석② 파라다이스의 약점

카지노 독점 영업 불가능

파라다이스의 가장 큰 약점은 바로 카지노 독점 영업이 불가능해졌다는 점이다. 지난 2004년 문화관광부가 한국관광공사에게 외국인전용 카지노를 조건부로 허가해줌으로써 카지노 사업에 대한 독점적인 영업이 불가능해졌다.

특히 정부가 추진하는 사업인 만큼 카지노 사업에 대한 특혜 가능성이 농후해짐으로써 파라다이스가 기존 고객들을 잃어버릴 공산이 커졌다는 점도 약점 가운데 하나이다.

파라다이스의 사업보고서를 살펴보면, 향후 추진 사업으로 무의 파라다이스 리조트 개발사업을 예정하고 있는데 본격적으로 시작될 경우 투자비 문제가 생길 것으로 예상된다. 자금조달을 투자자 입장에서 부담이 되는 방법을 선택할 수도 있기 때문이다.

2006년에는 강북 힐튼호텔, 부산의 롯데호텔과 서울 강남의 한 곳이 오픈할 예정으로 있어 경쟁력 측면에서 부정적인 영향을 미칠 가능성도 배제해서는 안 된다.

환율에 따른 관광객 방문이 관건

엔화가 원화에 대해 강세를 보일 경우, 일본관광객이 많이 방문하므로 영업활성화에 도움이 되겠지만 2005년 하반기 들어 원엔 환율이 2004년 말의 100엔당 1000원 선을 유지하지 못하고 850원 선까지 하락하는 추세에 있어 일본관광객 감소에 따른 영업위축도 염두에 두어야 한다.

또 원달러 환율의 경우도 달러당 1000원선 유지 여부에 따라 관광객의 수요에 영향을 미친다는 점을 알아둘 필요도 있다.

특히 향후 중국고객이 얼마나 방문하는가 여부도 환율 측면에서 면밀히 주시해야 할 사항이다.

적은 유통물량, 최대주주&특수관계인의 높은 지분율

파라다이스의 전체 발행주식 중 최대주주와 특수관계인이 보유한 지분이 절반 가까이 되고 개인 소액주주의 보유 비율은 16%인 1400여 만주에 불과해 거래가 활성화되어 있지 못하다.

이에 따라 높은 배당수익률에도 불구하고 일반투자자들의 매수세가 따라주지 못하고 있어 주가상승에 부담으로 작용한다.

계열회사의 투명성 부족

파라다이스의 지배구조를 보면, 파라다이스 호텔부산이 32.9%, 파라텍이 10.7%, 파라다이스 건설산업이 26.3%, 파라다이스 제주가 20.0%의 지분을 보유하고 있는 것으로 나타나는데 비상장 회사들이 대부분이어서 정확한 기

업 내용이나 정보의 신속성 측면에서 일반투자자들의 접근이 쉽지 않은 상황
이다.

CEO 엿보기

‘카지노업계의 대부’ 전낙원 회장

전낙원 파라다이스 그룹 회장은 지난 2004년 11월 3일 별세, 38년 영욕의 카지노 인생을 마감했다. 그의 나이 77세였다.

전 회장은 1967년 한국 최초의 카지노였던 인천 오림포스호텔 총지배인을 맡아 카지노업계에 입문했다. 전 회장은 이듬해 서울 워커힐 카지노 운영권을 거머쥔 뒤 30여 년간 국내 카지노업계에서 넘볼 수 없는 아성을 구축했다.

뿐만 아니다. 호텔, 면세점, 건설 등으로 사업영역을 넓혀 11개 영리 법인과 5개 비영리 법인을 거느린 현재의 파라다이스 그룹을 만들었다.

전 회장은 문민정부 초기인 1993년 이른바 ‘슬롯머신 사건’ 탈세 혐의를 받자 3년 간 해외 도피생활을 하기도 했다. 또 그는 정치권과의 검은돈 유착 등으로 드라마 ‘모래시계’ 의 모델이 되기도 했다.

전 회장은 계원조형예술대학과 계원예고를 설립하는 등 교육, 복지재단을 통한 부의 사회 환원에도 관심을 가졌다.

한편 전 회장은 최근 수년간 주요 지분을 아들과 비영리법인에 넘기는 등 후계 체제를 준비해 왔으므로 그룹 경영에는 어떠한 혼란도 없는 듯하다.

이웃사랑·봉사정신이 밑바탕이 된 파라다이스 설립

남북한 각지에 14곳의 개척 교회를 설립할 정도로 민족 성화 단결운동에 헌신한 아버지와 어머니의 기독교 사상에 영향을 받은 전 회장은 어려서부터 이웃에 대한 사랑과 봉사정신을 바탕으로 성장했다.

6·25전쟁 이후 한국 경제는 해외원조로 근근히 이어가고 있었으며, 1차 산업의 의존도가 90%에 이를 만큼 국가 산업 자체가 전근대적인 시기로 경제개발 재원 확보를 위한 외화획득이 절실한 시기였다.

전 회장은 당시 아무도 관심을 갖지 않던 관광산업의 발전 가능성을 일찍 깨달았고 이를 통한 외화획득이야말로 국가 경제 재건에 필수임을 직감했다.

1965년 초 관광산업에 대한 열정과 관심이 남달랐던 전 회장은 오림포스호텔의 전문 경영인으로 관광산업 분야에 첫발을 내딛게 됐다.

당시 정부에서는 경제개발이라는 국가적 과제를 해결하기 위해 수출진흥과 관광산업의 육성에 힘을 기울이고 있었다. 한국을 세계적인 관광국가로 발전시키려는 전 회장의 기업철학은 이때부터 빛을 발하기 시작했다.

자산은 관광산업 전문 경영인으로의 노하우

관광산업 여건이 열악한 가운데에도 관광산업 전문 경영인으로서의 노하우를 자산으로 1968년 3월 워커힐호텔 내 카지노를 시작했다.

이후 1972년 7월 파라다이스그룹 모기업인 파라다이스투자개발을 창업하게 됐으며 그 뒤 관광업계에서는 유례가 드문 전문 관광산업 기업인 파라다이스 그룹으로 성장시켰다.

전 회장은 인천 오림포스호텔을 인수하면서, 새롭게 개장한 인천 카지노 등 한국에 카지노산업을 도입, 정착시켜 파라다이스 브랜드의 카지노를 성공적으로 운영해 왔다.

또 선진화한 경영기법 도입 등을 통해 국가경제에 기여하고 첨단 관광산업의 한 분야로 인정을 받았다.

그룹의 모태가 된 워커힐 카지노의 경우, 2002년 11월 코스닥시장에 상장해 투명경영을 통한 고부가가치 레저산업으로써 건전한 카지노산업 발전에 기여하고 있다.

1972년 10월 천혜의 관광지인 제주도에 (주)파라다이스 제주를 설립했으며, 지속적인 관심과 투자로 한국을 대표하는 특급휴양호텔로 성공적으로 운영중이다.

1974년 3월 미지의 대륙 아프리카 케냐에 파라다이스 사파리파크호텔을 설립, 호텔 비즈니스의 국제화에 발을 내디뎠다.

1981년 11월에는 품격 있는 시설과 차별화한 서비스로 호텔업계를 선도하는 (주)파라다이스 호텔부산을 설립했다. 1987년 9월에는 온천 휴양지인 도고에 (주)파라다이스 호텔도고를 설립, 가족단위의 관광객들에게 많은 사랑을 받고 있기도 하다.

2000년 4월에는 인천국제공항 인근에 위치한 (주)파라다이스 인천을 설립하는 등 전국 주요 휴양지에 파라다이스 브랜드의 호텔 체인들을 설립, 파라다이스만의 차별화한 서비스와 경영노하우로 관광산업을 성공적으로 이끌고 있다.

제조 · 유통 · 건설 분야까지 진출

관광산업 분야에서의 성공적인 경영과 함께 전 회장은 제조, 유통, 건설 등의 분야에서도 많은 업적을 이루었다.

1973년 6월, 설립한 파라텍은 국내 최초의 소방용 스프링클러 국산화와 최고의 제품 개발을 통해 국내 소방산업의 대표주자로 자리매김했다. 1997년 12월에는 코스닥시장에 상장해 견실하고 투명한 경영에 앞장섰다.

1991년 10월에 설립한 파라다이스 건설산업은 21세기 신주거 문화를 창조하는데 진력하고 있으며 호텔, 업무용 빌딩, 상업건물, 학교, 아파트 등을 성공리에 건설하여 높은 신뢰를 쌓았다.

이렇듯 전 회장은 다양한 분야에서의 경영활동을 통해 파라다이스만의 개성을 지닌 다양한 서비스와 제품으로 고객만족경영을 펼쳐 왔다.

그는 파라다이스그룹을 관광산업을 비롯한 제조, 건설, 유통업을 아우르는 중견그룹으로 성장시킴과 동시에 해외관광산업 분야 진출로 국위선양에도 힘썼다.

1970년 8월 말레이지아 겐팅하이랜드 개장 초기 매니지먼트 진출을 통해 관광전문 경영자로서의 입지를 굳혔다. 1973년 12월에는 아프리카 케냐의 사업참여를 통해 현지에서의 성공적인 사업추진과 함께 한-케냐간 선린우호의 장을 열어나갔다.

전 회장은 또한 기업의 사회적 책임과 공헌에 많은 노력을 기울였다. 1970년 7월 창간된 동서문학을 통해 문인들에게 순수문학의 장을 제공하고 국내의 우수한 문학작품들을 선정, 번역본을 출간하여 세계 각국에 배포함으로써 한국 문화의 우수성을 전 세계에 알리기 위한 노력을 아끼지 않았다.

전 회장은 육영사업에도 매진했다. 1979년 5월 예술에 재능 있는 인재발굴을 통해 한국의 풍부한 예술적 문화유산을 지속적으로 계승 발전시켜 나아가야 한다는 교육 이념 아래 설립된 계원예술고등학교가 대표적인 실례이다.

산업현장과 첨단예술의 접목을 위한 인재양성을 목적으로 1993년 6월 개교한 계원조형예술대학도 이와 맥을 같이한다.

1989년 2월에는 한국 문화예술의 우수성을 세계에 널리 알리고 그에 종사하는 훌륭한 문학적, 예술적 자질을 가진 문화, 예술인을 지원할 목적으로 파라다이스 문화재단을 설립했다.

　　1994년 12월에는 장애아동의 전반적인 교육, 치료, 복지향상을 위한 특성화된 연구와 지원을 펼치는 파라다이스 복지재단을 설립해 사회복리 증진을 위한 비영리 공익사업에도 앞장섬으로써 사회적 책임을 다하는 중견 그룹으로 파라다이스 그룹의 위상을 구축했다.

전필립 파라다이스 회장 승계

　　전필립 부회장은 2005년 11월 11일, 취임식을 통해 파라다이스 그룹 회장직을 승계받았다. 국내 카지노업계의 후계자로서 경영 전면에 나선 셈이다. 업계는 전 부회장이 급변하는 카지노업계의 경영환경 속에서 그룹 경영을 어떻게 이끌어갈지 주목중이다.

　　파라다이스는 고 전 회장의 예우 차원에서 그 동안 회장직을 공석으로 남겨뒀다. 취임식 이후 파라다이스는 그룹 비전과 사회공헌 활동에 대한 청사진도 함께 발표했다.

　　전 부회장의 회장 취임 이후에도 파라다이스는 큰 틀의 경영 변화는 없을 전망이다. 고 전 회장이 전문경영인들의 계열사 독립경영 체제를 구축해 놓은데다 전 부회장도 전문경영인에게 책임과 자율을 최대한 보장하는 스타일이기 때문이다.

"우량한 배당성향도 가치투자의 핵심"

삼 환 기 업 의 매 력 포 인 트

2005년 7월, 금융감독원의 전자공시시스템을 통해 기업공시 내용을 살펴보던 중 서울시 여의도에 위치한 63빌딩의 개보수공사(1단계 본공사 2005년 7월 15일~2009년 7월 14일)를 대한생명보험으로부터 1061억원에 따낸 회사를 발견했다. 바로 삼환기업이었다.

이 회사가 대한생명의 63빌딩 개보수공사를 위해 체결한 1061억원은 2004년 매출의 18.3%나 되는 큰 금액이다. 삼환기업의 지난 2004년 매출은 5806억원이다. 그후 삼환기업에 관심을 갖던 중 3/4분기 보고서를 통해 매출추이를 살펴보니, 2001년부터 2003년까지 3년간 매년 4000억원 선에 머물던 매출이 2004년 5806억원으로 크게 증가한데 이어 2005년 3분기까지 4354억원을 기록해 꾸준히 증가추세였다.

특히 2005년 3/4분기까지의 영업이익이 487억원으로 2004년 전체의 영업이익 492억원에 근접하고 있고 당기순이익은 313억원으로 2004년 전체 순이익 306억원을 벌써 넘어섰다.

자본금 663억원에 비하면 매출이나 이익면에서 실적이 크게 호전됐음을 알 수 있었다.

■ 양호한 배당수익률

　삼환기업은 지난 2004년 3월 정기주주총회에서 한 주당 450원(우선주 한 주당 500원)씩 배당키로 결의했다. 또 환경영향평가 대행업을 사업목적에 추가하기로 했다고 밝혔다. 이후 삼환기업은 2005년 3월 정기주주총회에서 한 주당 600원씩(우선주 한 주당 650원) 액면대비 12%의 배당을 실시했는데 2000년부터의 배당률을 살펴보면, 액면대비 5% → 8% → 9% → 9%의 배당을 실시하여 배당관련주로도 주목을 받아왔다.

　2005년 12월 18일 기준 삼환기업의 주가인 20400원을 기준으로 배당수익률이 2.9%에 이른다. 우선주의 경우에는 145만주가 발행됐는데 주가 13600원을 기준으로 4.9%의 배당수익률을 나타내고 있어 고배당 관련주로 주목대상이다.

〈표1〉 삼환기업 주봉

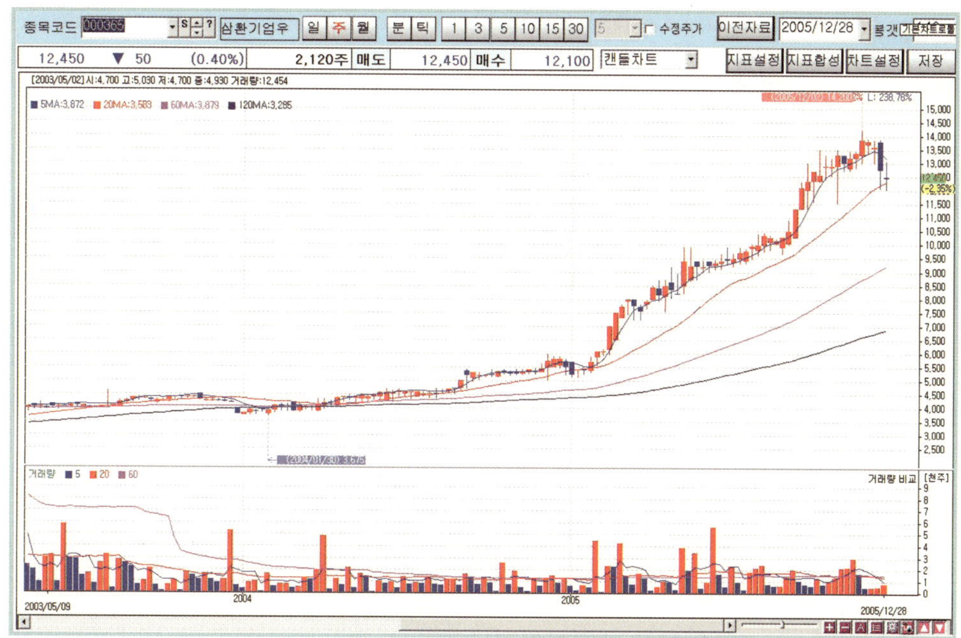

<표2> 삼환기업우 주봉

　삼환기업의 배당성향을 보면, 2004년 실적을 기준으로 배당/당기순이익이 71/306억원으로 23.4%이고, BPS는 30369원, EPS은 2857원으로 자산가치와 수익가치 측면에서도 우량함을 알 수 있다. 배당성향이 2002년 36.1%이고, 2003년 31.3%에서 2005년에는 27.4%로 낮아졌는데 이는 당기순이익이 크게 증가(148억원 → 171억원 → 306억원)했음에도 불구하고 배당금액은 소폭 증가(53.6억원 → 53.7억원 → 71.7억원)했기 때문이다.

　삼환기업의 토목, 건축공사의 외형확대가 매출액 증가에도 크게 기여하고 있다. 삼환기업은 2004년 순이익이 306억원으로 전년대비 78.5% 증가했다. 영업이익은 492억원으로 194.6% 늘었으며 매출액은 5806억원으로 33.3% 증가했다.

　삼환기업의 2005년도 상반기 영업확대 경과를 살펴보면, 2005년 1월 팬택

앤큐리텔과 R&D 센터 신축공사 계약을 체결했다. 계약금액은 654.5억원이며, 계약기간은 2007년 3월까지이다. 공사지역은 서울시 마포구 상암동 택지개발지구 DMC 지역 12블럭이다.

또 4월에는 SH공사로부터 731.7억원 규모의 은평뉴타운1지구 아파트 건설공사를 수주했다. 공사 계약금액은 최근 사업연도 매출액의 12.6%에 해당하는 규모이다.

2005년 6월 말 현재 부채비율이 91%로 다른 건설회사들에 비해 상당히 우수한 편에 속한다.

짭짤한 부수입도 삼환기업 매력

삼환기업의 또 다른 매력포인트는 바로 짭짤한 부수입이다. 삼환기업은 원유사업과 관련된 투자로 부수입이 적지 않다.

삼환기업이 건설회사로서는 유일하게 지분을 갖고 참여한 한국컨소시엄의 베트남 희소식도 이 가운데 하나이다.

한국컨소시엄 대표를 맡고 있는 한국석유공사는 2005년 5월 중순, 베트남 11-2광구에서 기존에 발견한 가스전 이외의 상업성이 높은 것으로 추정되는 원유를 새롭게 발견했다고 발표했다.

한국석유공사는 2005년 3월 말부터 11-2광구의 탐사시추를 시작해 심도 4397m까지 시추를 실시한 결과, 총 가채 매장량 4000만 배럴로 추정되는 양질의 원유를 새로이 발견했다.

11-2광구는 1997년 롱토이 구조에서 가스발견에 성공해 2004년 12월 베트남국영석유회사와 예비 가스매매계약 체결을 마친 상태이며, 2006년 10월 생산을 목표로 한창 시설공사가 진행중이다.

현재 전체 지분의 75%를 차지하고 있는 한국컨소시엄은 한국석유공사가

53%, LG상사 15%, 대성산업 9.25%, 대우인터내셔널 6.5%, 현대종합상사 6.5%, 서울가스가 3.25%를 비율로 참여하고 있다.

(단위 : 억원,)

회사명	순이익		
	2005.반기	2004.반기	증감률(%)
삼성물산	315	815	−61.35
GS건설	1,211	706	71.52
대우건설	1,878	1,449	29.59
대림건설	1,863	1,962	−5.05
현대건설	1,405	688	104.25
현대산업개발	1,446	1,237	16.87
금호산업	583	681	−14.45
동부건설	348	331	5.01
쌍용건설	317		−11.08
코오롱건설	288	−76	흑자전환
풍림산업	60	131	−54.02
경남기업	208	101	105.17
벽산건설	252	240	5.28
한라건설	258	96	167.78
계룡건설산업	239	170	40.48
고려개발	197	116	68.93
태영	213	365	−41.62
한신공영	133	132	1.00
kcc건설	322	139	139.91
신성건설	58	49	18.13
동양건설산업	216	236	−8.27
삼환기업	216	115	87.86
화성산업	124	116	6.12
한일건설	177	90	96.59
신세계건설	102	94	7.99
중앙건설	163	157	4.27
삼호	126	96	30.80
남광토건	36	203	−82.09
성지건설	101	91	11.47

〈표3〉 증권선물거래소가 발표한 2005년도 상반기 순이익 현황

건설회사로서는 유일하게 삼환기업이 6.5%의(1500만 달러) 지분을 보유중이다. 업계는 삼환기업이 베트남 11-2광구에서 가스전에서만 향후 20년 간 약 250만 달러의 배당수익을 거둘 것으로 예상한다.

아울러 이번에 상업성이 높은 양질의 원유가 추가로 발견됨에 따라 이익 규모가 더 커질 것으로 점쳐진다.

유전 · 가스전 개발 참여, 높은 수익률

삼환기업은 이번 11-2광구가 아니더라도 건설업체로는 드물게 유전이나 가스전 개발에 적극적으로 뛰어들어 높은 수익을 올리고 있다.

삼환기업은 2005년 11월로 20년 계약기간이 끝나는 예맨 마리브유전프로젝트에 3.67%의 지분을 투자해 연간 100억원이 넘는 수익을 벌어들였다.

특히 오는 2007년~2008년부터 생산될 예정인 예맨마리브LNG 프로젝트에도 1.6%의 지분을 갖고 있어, 만만치 않은 수익이 기대되는 상황이다.

이와 함께 업계에서는 삼환기업이 이미 성공적으로 프로젝트가 진행중인 예맨, 베트남 등 사업은 물론 장기적으로 러시아의 동시베리아와 호주 일대에서 1~2개의 추가 사업에 대한 4% 이상의 지분 참여도 검토하고 있는 것으로 파악된다.

삼환기업은 지난해 영업이익 중 원유 관련 부문이 25% 정도를 차지한 것으로 알려졌다.

특히 마리브 가스전 개발사업은 우리나라 기업의 지분참여로 생산된 천연가스를 액화해 오는 2009년부터 매년 200만톤의 LNG를 국내로 도입하는 우리나라 최초의 가스자원 해외개발사업이다.

마리브 가스전 개발사업은 SK컨소시엄 등이 1984년 개발에 성공한 마리브 유전에서 가스가 추가로 발견됨에 따라 추진되는 사업으로, 이번 사업에는 SK㈜를 포함해 삼환기업 · 한국석유공사 · 한국가스공사 · 현대종합상사 등 한국 측 투자지분이 21.43%에 달한다.

하지만 지난 2005년 11월 22일 삼환기업의 자진 공시에 따르면, 삼환기업이 3.675%의 지분을 보유하고 SK(주)와 삼환기업을 포함한 국내 3개사가 공동으로 지분참여 중인 예멘 마리브 광구의 생산물분배계약(PSA : Production Sharing Agreement)의 계약기간이 2005년 11월 14일로 종료됨에 따라 광구의 운영권자인 YEPC(Hunt Oil과 ExxonMobil의 Joint Venture Company)는 예멘정부와 2004년 1월 4일 동 계약을 5년간(2005.11.15~2010.11.14) 연장하는 연장계약을 체결한 바 있다. 그러나 예멘 정부는 2005년 11월 15일부로 예멘국영회사인 Safer Exploration and Production Operations Company(SEPOC)사로의 인수절차를 진행중에 있다. 이에 YEPC사는 2005년 11월 21일자로 파리 국제상업회의소에 국제중재를 신청해 놓은 상태다.

(특징주)삼환기업 강세…2분기 실적호전

삼환기업(000360)이 2분기 실적호전 평가로 강세다.

삼환기업은 9일 오전 9시 5분 현재 전일보다 400원, 2.52% 오른 1만6250원에 거래중이다.

한국증권은 이날 삼환기업에 대해 "지난 2분기 뛰어난 실적을 기록했다"며 목표주가를 1만7500원에서 2만5000원으로 43% 상향 조정했다. 매수 투자의견은 유지했다.

김동현 한국증권연구원은 "삼환기업은 지난 2분기 1610억원의 매출과 161억원의 영업이익을 기록해 각각 전년동기대비 19.8%, 198.1% 증가했다"며 "국내 건설업의 강한 반등과 매출의 약 60%를 담당하는 토목부문에서 규모의 경제효과 시현으로 실적이 호조를 보였다"고 밝혔다.

삼환기업 관련 「이데일리」 기사

한편, 한국수출입은행으로부터 2005년 11월 24일 '예멘 마리브 가스전 개발사업' 지원을 위해 삼환기업 등이 개발자금 1.2억달러를 지원받기로 했다.

에너지 자원개발 특성상 리스크가 큰 사업임에도 불구하고 투자한 곳들이 일정부분 이상의 수익을 올려주고 있어, 지속적으로 유망 광구에 대한 투자를 해 나갈 것이란 전망이다.

증권업계는 삼환기업에 대해 저평가된 토목중심의 중형 건설업체라며 매수 의견을 내놓기도 했다.

한편, 외국인 매매동향을 살펴보면 2005년 10월 27일 9%에 불과하던 외국인 지분율이 12월 16일 현재 12.6%로 높아졌는데 주식시장의 관심을 끌지 못해 주가는 2005년 10월 말의 20000원선을 벗어나지 못한 채 답보상태에 머무르고 있는 상태이다.

또 삼환기업의 공시 사항을 살펴보면, 61만1410주(5.2%)를 세이에셋코리아 자산운용에서 매수한 것으로 나타나 기관투자가들의 관심을 끌고 있다는 사실이 드러나기도 했다.

일자	주가	대비	거래량	기관			외국인			
				매수	매도	순매수	매수	매도	순매수	소진율
05/12/16	20850	−500	50102	630	8200	−7570	7460	910	6550	12.60
05/12/15	21350	700	31641	4360	20400	−16040	30	−	30	12.55
05/12/14	20650	0	104540	8390	8150	240	10840	540	10300	12.55
05/12/13	20650	150	41400	490	50670	−50180	56620	450	56170	12.46
05/12/12	20500	−300	51290	6530	13980	−7450	20340	70	20270	11.98
05/12/09	20800	−700	36100	140	41830	−41690	16550	520	16030	11.81
05/12/08	21500	−350	35740	150	8000	−7850	13530	3350	10180	11.68
05/12/07	21850	400	47716	280	5000	−4720	20230	9960	10270	11.59
05/12/06	21450	0	18270	5220	−	5220	26500	10620	15880	11.50
05/12/05	21450	−100	32290	260	10	250	4770	750	4020	11.37
05/12/02	21550	450	52930	6080	−	6080	11150	870	10280	11.34
05/12/01	21100	100	26080	9400	1250	8150	17760	2800	14960	11.25
05/11/30	21000	−200	32180	7590	3000	4590	1010	−	1010	11.12
05/11/29	21200	400	86060	4240	12610	−8370	17220	2700	14520	11.11
05/11/28	20800	−200	59220	22620	8700	13920	25400	16800	8600	10.99
05/11/25	21000	400	116690	2710	16630	−13920	26510	−	26510	10.92
05/11/24	20600	−400	98308	3150	46210	−43060	27820	−	27820	10.69
05/11/23	21000	−450	31510	16780	38530	−21750	25658	−	25658	10.46
05/11/22	21450	400	26114	6710	10250	−3540	−	660	−660	10.24
05/11/21	21050	0	42472	6090	10000	−3910	11540	−	11540	10.25

〈표4〉 삼환기업 외국인 매매추이

탐구&분석① 삼환기업　바로알기

삼환기업(주)은 서울시 종로구 운니동에 소재한 회사로 주력업종은 건설업이다.

삼환기업은 지난 1952년 9월에 설립됐으며, 삼환기업의 전신은 1946년 3월 설립된 삼환기업공사에서 출발한다. 당시 회사 대표는 최종환 사장이다. 이 회사는 1952년에 삼환기업주식회사로 다시 설립됐으며 1973년에 증권거래소에 상장됐다. 현재 액면가는 5000원인데 보통주식수는 11,825,295주이고 우선주는 1,450,194주이다. 즉, 보통주와 우선주를 더한 회사의 자본금은 663.7억원이다. 1952년 회사설립 당시에는 서울시 중구 을지로에 소재했었는데 이후 1968년 6월 본사 사옥을 서울시 종로구 운니동으로 신축 이전했다. 그리고 1980년 10월에 현재의 신사옥을 신축 완공했다.

토목공사가 매출의 절반 이상 차지

정관에 보면, 삼환기업의 목적사업에는 건설과 관련된 사항들이 대부분이다. 이 가운데 토목공사가 전체 매출의 절반 이상을 차지한다.

(단위 : 백만원, %)

구 분	공사종류	제 54기 3분기		제 53기 3 분기		제 53기 연간		비고
		금 액	비 율	금 액	비 율	금 액	비 율	
국내 도급공사	건 축	128,069	29.41%	40,286	16.63	117,845	20.30	
	토 목	224,930	51.66%	128,494	53.03	317,853	54.74	
해외 도급공사	건 축	–	0.00%	–	0.00	–	0.00	
	토 목	33,782	7.76%	20,521	8.47	42,940	7.40	
자체공사		15,730	3.61%	8,007	3.30	16,713	2.88	
기 타		32,902	7.56%	44,980	18.56	85,270	14.68	
합 계		435,413	100.00%	242,288	100.00	580,621	100.00	

〈표5〉 매출실적

　2004년의 전체 매출 중에서 차지하는 토목비중이 54.7%였는데 2005년 3분기까지의 매출구조를 살펴보면, 토목비중이 51.7%로 낮아졌지만 여전히 절반 이상의 매출을 유지하고 있다.

60년 전통의 삼환기업

　삼환기업은 증권선물거래소에 상장된 (주)삼환까뮤와 신민상호저축은행, 여행업을 하는 삼환기술개발주식회사, 제조업을 하는 삼환종합기계주식회사, 부동산 임대업을 하는 회현상사주식회사, 칠성흥업주식회사 등이 계열사이다.

　삼환기업의 2005년 3/4분기 보고서에 따르면, 공사계약 잔고는 해외 401억원, 국내 1조6489억원 등 총 1조6891억원이다.

　현재 국내 건설시장은 중기적으로 견조한 성장세가 예상되나, 장기적으로 고정자본 및 사회간접자본의 재고증가, 주택보급률의 확대에 따라 점진적인 성장 둔화가 전망된다.

그러나 리모델링 및 건축물의 유지보수, 주 5일 근무에 따른 문화 · 관광 · 레저 · 복지 등의 분야에서 사업 발굴 및 개발에 따라 다양한 시장기회가 증대될 것으로 예상되기 때문에 충분한 성장 가능성이 점쳐지기도 한다.

특히 신행정수도 건설과 주택공급의 확대 및 남북경제협력 확대를 통한 대북사업의 지속적인 추진 등은 건설산업 성장의 새로운 기회 요인으로 작용하고 있다.

물론 부동산 경기의 과열을 진정시키기 위해 2003년에 시행된 투기과열지구에서의 분양권 전매제한 강화 및 재건축 아파트 일반분양의 후분양제 도입 등 부동산 시장에 대한 규제, 그리고 2004년 하반기의 재건축 개발이익환수, 토지 채권입찰제, 원가연동제 등은 주택가격 하락을 겨냥한 정책이므로 주택부문의 활성화가 이루어지지 못하고 있기는 하다. 또한 최근의 8.31부동산대책은 이런 문제들을 더 강화시키기 때문에 감안을 하는 게 투자의 기본이다.

삼환기업은 채산성 위주의 영업 활동 및 성실 시공으로 지난 2005년 3/4분기까지 매출액은 4354억원, 순이익은 313억원을 시현했다.

이는 경기침체에 따른 민간 발주 물량의 급감과, 정부예산 부족에 따른 공공공사 물량축소, 발주물량 부족으로 인한 업체간 가격경쟁 치열화 및 해외 주력 시장이었던 동남아 시장경제 악화로 인한 해외건설시장 급랭 등 건설경기의 침체 속에서 이뤄낸 것이기에 의의가 크다.

삼환기업은 대형 종합건설업체로서 시공능력 순위가 2003년에 20위, 2004년에 23위이며, 2005년도 도급 한도액은 9005억원이다.

삼환기업의 2005년 3/4분기까지의 매출액 구성을 보면 토목이 59.4%, 건축 29.4%, 플랜트 3.4%, 분양 3.6%, 해외자원개발 2.6%, 기타 임대 등 1.6%이며 국내와 해외로 구분시 국내 92.2%이고, 해외는 7.8%이다.

현재 삼환기업은 기존의 토목건설 위주의 사업에서 탈피하여 원자력, 고속철도, 환경신기술 리모델링 사업으로의 수주영업을 강화해 나가는 중이다. 해외시장 대형공사 정보수집 강화 등을 통해 수주영역 확대에도 노력하고 있다.

삼환기업의 튼튼한 재무구조

(단위 : 백만원)

구 분	제 54 기 3분기	제 53기	제 52기	제 51기	제 50기
[유동자산]	370,207	326,773	286,024	303,401	373,149
· 당좌자산	328,133	283,879	234,474	257,502	314,212
· 재고자산	42,074	42,894	51,550	45,900	58,937
[고정자산]	408,898	387,791	371,032	357,590	348,555
· 투자자산	209,235	198,546	182,230	160,683	144,529
· 유형자산	189,113	189,245	188,802	196,907	204,026
· 무형자산	10,550	−	−	−	−
자산총계	779,105	714,564	657,056	660,992	721,704
[유동부채]	201,528	175,474	170,035	192,130	234,186
[고정부채]	147,786	135,923	105,269	101,638	134,044
부채총계	349,314	311,397	275,304	293,767	368,230
[자본금]	66,377	66,377	66,377	66,377	66,377
[자본잉여금]	235,981	235,981	235,981	235,981	235,981
· 자본준비금	89,987	89,987	89,987	89,987	89,987
· 재평가적립금	145,994	145,994	145,994	145,994	145,994
[이익잉여금]	126,325	102,263	77,001	65,205	50,362
[자본조정]	1,108	△1,454	2,393	△340	754
자본총계	429,792	403,167	381,752	367,224	353,474
매출액	435,413	580,621	435,643	413,615	463,526
영업이익	48,755	49,271	16,722	28,624	17,990
경상이익	43,036	41,941	21,393	19,334	19,305
당기순이익	31,358	30,635	17,163	14,844	15,397

〈표6〉 요약재무정보

2005년 3/4분기 말 현재 삼환기업의 총자산은 7791억원이고 부채는 3493억원이며 자기자본은 4298억원이다.

자본금이 663억원인데 비해 자본잉여금이 2359억원, 이익잉여금이 1263

억원이나 되어 유보율이 매우 높다.

2001년부터 2003년까지는 매출액이 4000억원 선을 벗어나지 못했으나 2004년에 5806억원의 매출을 시현하여 한 단계 도약한 모습을 보여주었는데 2005년 3/4분기까지의 매출이 4354억원에 달해 2004년 이후 성장세를 지속적으로 유지하고 있는 것으로 여겨진다.

이에 따라 영업이익도 2001년 180억원, 2002년 286억원, 2003년 167억원이던 것이 2004년 492억원을 기록했는데 2005년 3/4분기까지 487억원을 달성해 큰 폭의 수익성 개선이 이루어졌다.

당기순이익 역시 2001년~2003년까지는 매년 150억원 내외였으나 2004년에 306억원을 기록한 이후 2005년 3/4분기까지 313억원을 기록해 전체자본금 663억원을 감안하면 납입자본금 이익률이 50%에 근접할 정도로 높은 수익성을 이어가고 있는 상황이다.

한편, 재무제표를 살펴보면 유동자산에 속한 현금 및 현금등가물이 814억원, 단기금융상품이 341억원이나 되고 고정자산에 속한 장기투자증권이 1031억원, 지분법적용투자주식이 543억원, 유전개발투자가 257억원이나 됨을 알 수 있다.

또 삼환기업이 보유하고 있는 토지가 장부가로 1653억원이나 되어 자본금 규모에 비해 세 배 가까이 되는 것으로 나타났다.

뿐만 아니라 2005년 3/4분기까지의 영업외 수익은 97억원인데 이 가운데 이자수익이 40억원이며 배당금 수익이 8억원임도 알 수 있다.

장기투자증권 중 매도가능증권을 보면, 서울고속도로(주)의 5%인 460만주를 230억원에 보유하고 있고, 인천국제공항철도의 5%인 811만주를 405억원에 보유중이다. 또 건설공제조합에 114억원이나 출자한 상태다.

또 지분법적용투자주식의 내용을 보면, (주)삼환까뮤 주식을 224만주(지분율 49.6%)를 보유하고 있는데 이 주식의 취득원가는 323억원인데 비해 장부가는 485억원으로 되어 있다. 그리고 삼환종합기계(주) 주식 30만주(지분율

50%)를 10억원에 취득했는데 장부가는 순자산가액인 59억원이다.

한편, 보유중인 토지는 장부가액이 1653억원인데 공시지가로는 1484억원으로 되어 있다.

차입금 내역을 살펴보면, 장기차입금에 사모사채 300억원이 있는데 이는 2008년 6월 29일 만기 일시상환조건이고 외화장기차입금은 102억원이다.

삼환기업은 1998년 6월 1일을 재평가 기준일로 하여 재평가를 실시했는데 1388억원의 재평가차액이 발생하여 1364억원을 재평가적립금으로 계상하였다.

특히 삼환기업의 우발채무건으로는 손해배상청구 외 8건이 재판에 계류중에 있으며, 소송금액은 251억원인데 최종 재판결과는 현재로써 예측할 수 없는 상황이다.

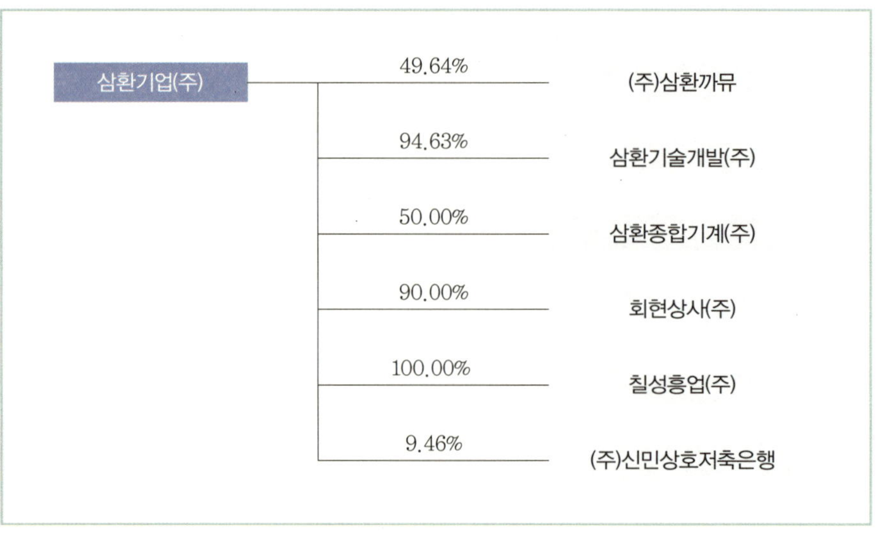

〈표7〉 삼환기업의 지배구조

삼환기업의 지배구조를 보면, 유가증권 시장에 상장되어 있는 삼환까뮤의 지분 49.6%를 가지고 있고 코스닥 시장에 상장된 신민상호저축은행 지분 9.4%를 보유했다.

또 비상장 회사인 삼환종합기계의 지분 50%, 삼환기술개발의 지분 94%,

회현상사의 지분 90%, 칠성흥업의 지분은 100%이다.

삼환기업의 최대주주 및 그 특수관계인의 주식소유 현황을 살펴보면, 삼환기업의 최대주주는 최용권 삼환기업(주) 대표이사이다. 그는 삼환기업의 주식 83만주를 보유하고 있다.

세부적으로 살펴보면, 보통주 76만주를 보유해 6.4%의 지분율을 확보하고 있으며, 우선주는 7만주를 가지고 있어 4.8%의 지분을 가지고 있다고 공시했다.

창업주이면서 최용권 사장의 아버지가 되는 최종환 명예회장은 보통주 21만주를 보유해 1.8%의 지분율을 보인다.

전체적으로 최대주주와 특수관계인 19명이 보통주 318만주(27%), 우선주 88000주(6%)를 보유하고 있고, 이밖에 특수관계인인 (재)우성문화재단이 3.6%, 신민상호저축은행이 1.5%, 우성개발주식회사가 1.8%, 삼환까뮤가 1.05%의 지분율이다.

한편, 5% 이상 주주의 주식소유 현황을 살펴보면 대표이사 최용권이 6.4%를 보유하고 있고, 하나금융지주가 12.1%인 143만주를 보유중이다.

또 주식분포를 살펴보면, 최대주주가 24.6%이며 주요주주가 10.8%, 기타 주주가 28.5%를 점하고 있으며 개인 소액주주는 32.1%(426만주)를 가지고 있는 것으로 공시되었다.

◆ 삼환까뮤는 어떤 회사인가

삼환까뮤(김진두 대표이사)는 1978년 건설 공업화를 기치로 창립했다. 이후 P.C(Precast Concrete)공법을 이용한 국내외 대형 건축물의 다양하고 미려한 외관공사, 조립식 아파트 건설 및 공장건설 등을 수행, 공기단축과 우수한 시공능력을 인정받고 있는 회사이다.

일반건축, 아파트재건축, 주택분양사업 및 토목공사 등으로 영업을 지속적으로 확대해 온 종합건설업체인 삼환까뮤는 서울 여의도동에 위치한 연건평

34,378㎡ 사옥의 일부를 임대해 사용중이다.

지난 2004년도의 경우, 삼환까뮤는 공사매출증가와 미분양주택 등 재고자산의 지속적인 감소 및 금융비용 감소 등으로 2003년에 비해 5.4% 증가한 979억원의 매출을 달성했다. 경상이익 및 당기순이익도 각각 88.3%, 64.8% 증가한 43억원과 26억원의 실적을 올렸다.

2004년 말 기준으로 삼환까뮤의 부채비율은 건설업계의 선두 수준인 73.6%이다. 유동비율은 185.6%이며 이자보상배율은 2.4배로 안정적인 재무비율을 보인다.

2005년도 상반기 삼환까뮤의 영업실적은 도급공사 및 분양 매출감소로 2004년 같은 기간에 비해 12.6% 감소해 매출은 414억원에 그쳤다.

하지만 원가절감을 통해 2004년 동기대비 29.9% 증가한 18억원의 반기순이익을 시현하였고, 2005년 3/4분기까지의 당기순이익은 28.5억원이다.

삼환까뮤는 영업활동 강화를 위해 2005년 1월 1일자로 본점 소재지를 부산광역시 동구 범일동에서 인천광역시 중구 운서동으로 변경했다.

회사의 사업부문은 주로 건축, 토목, 분양 등 종합건설 사업부문으로 이 사업분야에서의 매출액이 총매출액의 69.3%이다.

사무실 임대 등 부동산 임대사업부문의 경우, 이 사업부문의 자산금액이 총 자산의 10% 이상을 차지한다. 삼환까뮤의 상장일은 1989년 11월 30일이며, 보통주식수는 451만주이고 액면가는 5000원이다. 자사주 신탁으로 58만주를 보유하고 있다.

2003년 한 주당 150원의 배당을 실시했으며 2004년 한 주당 200원의 배당을 실시했는데 배당성향은 각각 15%와 12%였다.

보유토지에 대한 장부가액이 360억원인데 공시지가는 383억원이다. 또 2004년 건축과 토목의 비중이 69:20이었는데 2005년 3분기까지의 실적을 보면 건축과 토목의 비중이 77:17로 되어 건축경기의 영향을 크게 받은 매출구조임을 알 수 있다.

    2005년 9월 말 현재 수주잔고를 보면, 관급의 경우 419억원이며 민간의 경우 1445억원으로 합계 1864억원이다.

    재무제표를 살펴보면, 현금 및 현금등가물이 116억원이며 단기금융상품이 59억원이다. 또 장기투자증권이 163억원으로 되어 있음을 알 수 있다.

    2005년 6월 이후 수주공사와 관련해 공시한 내용을 살펴보면, 6월 29일 인천만수종합재건축정비사업이 669억원이며 6월 30일 의정부 삼환나우빌 신축공사가 190억원, 10월 19일 수영4호교 건설공사 112억원, 11월 4일 전주 효자아파트 건설공사 199억원, 11월 24일 울산삼환아르부노 신축공사 419억원(2004년 매출의 43%) 등으로 매출 규모는 증가추세이다.

〈표8〉 삼환까뮤 주봉

◆ (주)신민상호저축은행은 어떤 회사인가

(주)신민상호저축은행은 1972년 5월 신민상호신용금고로 영업개시 이후 33년 간 연속 흑자를 기록한 우량 저축은행이다.

1996년 12월에 코스닥시장에 등록하였으며, 2002년 3월 상호저축은행법의 시행에 따라 상호를 신민상호저축은행으로 변경했다.

주로 상호신용계, 신용부금, 정기예금, 정기적금, 가계장기저축, 표지어음 예수금 등의 수신업무와 부금대출, 어음할인, 계약금액내 대출, 일반자금대출, 예·적금담보대출, 종합통장대출 등의 여신업무를 주요사업으로 운영하고 있다. 서울시 중구 충무로 2가에 본사 및 영업장을 두었다.

(주)신민상호저축은행은 지난 IMF외환위기 이후 부실금융기관들의 잇따른 퇴출과 적자지속의 상황 속에서도 규모는 작지만 내실위주 경영으로 전 임직원이 노력했다.

〈표9〉 신민상호저축은행 주봉

이 회사의 현재 자본금은 60억원인데 2004년 7월부터 2005년 6월 말까지의 영업실적은 영업수익 79억원, 영업비용 151억원에 영업손실 71억원, 당기순손실 51억원을 기록했다.

대주주는 최용권(지분율 44.5%, 삼환기업의 대표이사 사장)과 삼환기업주식회사(지분율 9.4%), 삼환까뮤(지분율 7.6%), 우성개발(지분율 0.1%)로 되어 있어 실질적으로는 개인소유의 상호저축은행이라고 봐야 한다.

법정자본금의 규모도 현재 60억원에서 2007년 2월 28일까지 기간 중에 현재의 2배로 증액될 예정이다.

(주)신민상호저축은행의 시장점유율을 살펴보면, 2005년 6월 30일 현재 서울지역 24개 상호저축은행의 총 여신 12조8220억원 중 0.9%인 1162억원을, 총 수신은 14조1826억 원 중 0.8%인 1233억원을 기록하고 있다.

2005년 6월 말 현재 삼환기업의 주요 재무비율을 살펴보면 부채비율 91.5%, 유보율 554.7%, 금융비용부담률 0.3%, 매출액 증가율 12.7%, 순이익 증가율 87.9%, ROE 10.5% 등으로 재무구조가 상당히 우량하다.

그런데 주주 입장에서 보면 삼환기업이 벌어들인 순이익 중에서 배당이 차지하는 비율인 배당성향이 감소하고 있다는 것이 투자의 약점으로 보여질 수 있다.

즉, 이익의 증가에도 불구하고 주주가 가져가는 배당추이는 순이익의 상승분을 넘기지 못하고 있기 때문이다.

삼환기업의 보통주는 1182만주이고 우선주는 145만주인데 하루에 거래되는 거래량이 매우 적은 편이어서 기관투자가나 외국인들의 관심을 끌기에 부족한 부분이 많다. 2005년 12월 16일 현재 외국인 지분율이 보통주의 경우 12.6%이고, 우선주의 경우에는 2.7%에 불과하며 하루 동안의 주가변동 추이를 보아도 시세의 연속성이 결여되어 있는 상황을 자주 발견하게 된다.

삼환기업 보통주의 경우 하루평균 거래량이 50000주 내외에 불과하고 우선주의 경우 하루평균 거래량이 1000주를 밑도는 날도 많이 있어 환금성을 우려한 투자자들이 손쉽게 접근하기 어려운 편이다.

아마도 실적호전에 따른 배당의 기대감이 단기투자자보다는 중장기투자자에게 관심을 갖게 하는 요인이 되고 있다.

구 분		제53기	제52기	제51기
주당액면가액 (원)		5,000	5,000	5,000
당기순이익 (백만원)		30,635	17,163	14,844
주당순이익 (원)		2,857	1,591	1,369
배당가능이익 (백만원)		7,460	5,622	15,510
현금배당금총액 (백만원)		7,178	5,373	5,367
주식배당금총액 (백만원)		–	–	–
현금배당성향 (%)		23.43	31.31	36.16
현금배당수익률 (%)	보통주	8.49	7.96	7.57
	우선주	11.27	11.89	11.90
주식배당수익률 (%)	보통주	–	–	–
	우선주	–	–	–
주당 현금배당금 (원)	보통주	600	450	450
	우선주	650	500	500
주당 주식배당금 (원)	보통주	–	–	–
	우선주	–	–	–

〈표10〉 최근 3사업연도 배당에 관한 사항

　삼환기업에서는 풍부한 가용자금을 이용해 비상장 회사인 서울고속도로와 인천국제공항철도의 지분 460만주(5%)와 853만주(5.4%)를 각각 230억원, 426억원을 들여 보유하고 있다. 물론 장기적인 측면에서 투자금액 이상의 매출이나 수익을 올려준다면 이러한 현실적인 약점을 극복할 수 있기는 하지만 이러한 투자금액은 자본금과 비슷한 수준이기 때문에 현실적인 수익성 면에서 약점으로 작용할 가능성도 배제하지 못한다.

　계열회사인 삼환까뮤의 주식 224만주(49.6%)를 장부가액 323억원에 보유하고 있는데 자금활용도 측면에서 삼환까뮤의 수익성 호전에 따른 대폭적인 주가상승이 이루어지지 않는 한 약점 가운데 하나이다.

CEO 엿보기

1973년의 오일쇼크를 극복하는 데에는 삼환기업과 같은 건설회사들이 중요한 역할을 담당했음을 누구도 부인하지 못한다.

삼환기업은 그 당시에도 사우디의 무역항 제다시의 시장 부부와 동행, 제다 시장에게 삼환의 수주능력을 설명하느라고 교섭이 한창이었다. 삼환은 결국 제다시의 미화(美化)공사를 수주했다.

중동 진출의 교두보 마련

석유위기가 발생한 이후 정부가 중동시장 진출을 계획하면서 가장 많은 조언을 구한 곳이 바로 삼환이다. 삼환 직원을 통해 사전 정보를 입수할 때가 많았다.

삼환은 당시에도 1만 개가 넘는 크고 작은 섬으로 이룩된 인도네시아를 여기저기 돌아다니며 공사를 하고 있었다. 인도네시아의 경우에는 공사물량이 적어 삼환이 보유한 장비의 10분의 1도 가동하지 못하고 있던 실정이었다.

최종환 회장은 이밖에도 싱가포르를 중심으로 한 동남아 일대로 공사범위를 확대하기 위해 지사까지 설치하려고 노력했다. 하지만 공사물량 확보가 곤란할 만큼 적은 상황이었다.

최종환 회장이 오일 달러로 갑자기 부자가 된 중동 여러 나라에서는 경제개발 계획을 강력히 추진하고 있으므로, 이곳에 정착하면 공사를 10년 이상 계속할 수 있을 것 같다는 판단을 내린 것도 이 시기였다.

그는 '피드 쇼폭시' 라는 사우디의 한 상인과 손을 잡았고, 처음으로 사우디의 카이바－알올라 간 1백64km의 고속도로 건설공사를 따냈다.

총 2천4백만달러 규모의 공사로, 역사적인 계약 날짜는 1972년 8월이었다. 삼환의 이 공사 수주야말로 우리나라 중동 진출의 첫 케이스였던 셈이다.

당시 중동지방은 국토가 넓고 인구가 분산돼 있으므로 도시간 거리는 아주 멀지만 도로망은 정비되지 않는 상태였다. 최종환 회장은 이런 이유 때문에 앞으로 도로건설 사업에 대한 일감이 많을 것으로 기대했다.

중동을 놀라게 한 '횃불신화' 주인공

중동시장 진출에는 단계가 있었다. 세 단계로 나눌 수 있는데 그 첫 단계가 도로공사이다. 중동 국가도 개발 초기라서 우선 도로공사가 급했기 때문이다. 순전히 단순기능공이 몸으로 때우는 일이었다.

그 다음 단계가 기술이 가미된 공사, 즉 항만공사 등인데 여기까지가 토목공사에 속한다. 그 후 건축분야로 이어진다.

선두주자인 삼환은 제다시의 1, 2차 미화공사를 따냈다. 이에 자극을 받은 다른 기업들도 뛰어들어 중동에서 공사를 맡게 된다.

'횃불신화' 라는 유명한 이야기도 이때 생겨났다. 삼환이 1차 제다시 미화공사를 하고 있을 때, 1974년 9월 착공한 지 한 달이 조금 지난 어느 날 제다시장이 회교 순례기간이 시작되는 12월 20일까지 공사를 끝내달라는 요청을 해왔다.

삼환은 요청을 맞추기 위해 야간공사를 강행했다. 횃불을 피워 놓고 작업을 하니 수많은 횃불이 장관을 이루었다. 시민들도 처음 경험하는 일이라 놀라기도 했고, 구경거리가 됐으며 또한 화젯거리가 되어 많은 사람들의 입에 오르내렸다.

어느 날 이곳을 지나던 파이잘 왕도 이를 보고 감탄하면서 "저렇게 부지런하고 성실한 사람들에게는 공사를 더 주어야 한다"고 지시했다고 한다. 이 같은 사실이 사우디 신문에 보도됐고, 우리나라 신문에서는 사진까지 곁들여 '횃불신화' 라고 소개됐다.

__태경산업

"계열사에는 특별한 이유가 있다"

태경산업의 매력포인트

태경산업은 상장기업인 (주)백광소재, 태경화학(주)를 비롯 (주)남영전구, 태경문산(주), 경인화학산업(주), 남우화학(주), 동신에너텍(주) 등의 자회사를 둔 송원그룹의 주력기업이다. 경인지역 상장기업 가운데 재무건전성이 가장 뛰어난 기업으로 평가받고 있기도 하다.

2005년 초, 태경산업의 주가는 2100원에 시작했다. 이때 과거의 배당실적을 살펴보니 2년 연속 한 주당 150원씩 배당한 것을 발견했다. 한 주당 150원이라면 단순히 배당수익률 측면에서만 접근해도 회사의 영업실적이 크게 부진하지 않는 한 연간 7% 이상의 배당수익을 얻을 수 있는 종목인 셈이다. 바로 이 종목이 태경산업(주)이다.

한동안 잊고 있었는데 JF에셋매니지먼트사와 신영투신에서 5% 이상 주식을 매입해 공시한 것을 보고, 다시 한 번 태경산업의 주가 움직임과 실적을 알아보게 됐다.

태경산업은 최근 CBS와 경인지역 새방송창사준비위원회를 만들어 관심을 모은 (가칭)Good TV 컨소시엄에도 공동 대주주로 참여해 눈길을 끌었다.

3대 공동 주주가 이끄는 새로운 모델로 추진되는 'Good TV 컨소시엄' 에는 태경산업을 비롯한 기전산업(주), (주)황금에스티가 각각 15%의 지분을 갖는 공동 대주주로 참여한다.

이밖에 CBS가 9.9%의 지분을 보유해 4대 주주이다.

합금철 제조설비 신규투자

태경산업(주)은 예미공장의 카바이드 제조용 전기로 설비를 합금철 제조설비로 전환하여 2005년 8월 중순부터 합금철 제조판매 사업에 신규 참여하고 있다.

이 사업의 예상 투자비는 40억원으로 사업의 전환시 합금철 생산 능력은 연간 1만8000톤이며, 예상 시설투자 기간은 4개월이다. 예상 매출액은 매년 180억원이다.

사업의 국내 시장 수급 현황을 살펴보면, 현재 국내 수요는 페로망간 17만 톤(년), 페로실리망간 20만 톤(년)으로 시장 규모는 연간 3400억원 정도로 추산된다.

총 수요량의 60% 정도인 22만 톤 정도가 국내 업체에 의하여 공급되고 있으며, 40% 정도인 15만 톤은 수입 조달하는 상황이다. 주 수요업체는 포스코, 전기로 제강사, 주물업체 등으로 제강시 탈산제, 합금강 원료 등의 용도로 이용되고 있다.

자산주 대열에 합류한 태경산업

2005년 하반기에는 주식시장의 상승세가 이어지며 태경산업의 주가도 전반적으로 상승했다.

투자자들이 종목 발굴에 어려움을 느끼는 상황에서 자산주가 투자 대안으로 부상하면서 태경산업 주가도 동반상승세를 나타낸 셈이다.

　　2005년 들어 2100원을 저점으로 4000원 가까이 급등한 태경산업의 주가
는 이후 석달여에 걸쳐 3000원 부근까지 조정을 받았다.

　　태경산업의 주요 제품들은 주로 수출보다는 내수로 해결하고 있어 내수경
기 회복여부에 따라 영업실적이 좌우됨을 알 수 있다.

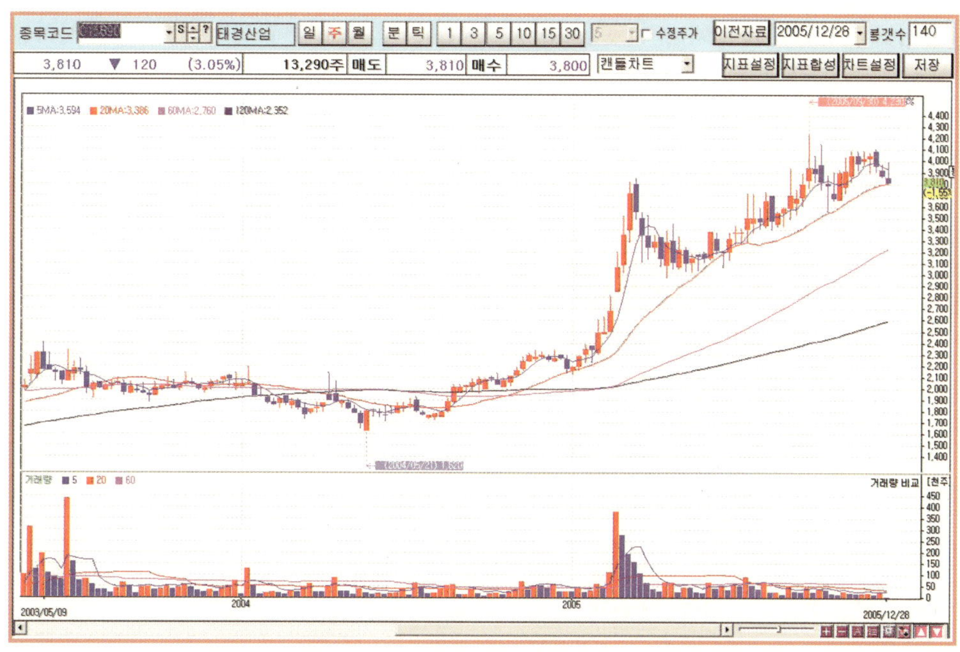

〈표1〉 태경산업 주봉

탐구&분석 ① **태경산업 바로알기**

한록식품에서 태경산업이 되기까지

태경산업은 1982년 자본금 1250만원의 한록식품(주)로 설립됐다. 이후 1988년 카바이드 제조업체인 한국카바이트공업(주)를 흡수합병하고, 상호를 태경산업(주)로 변경했다.

태경산업(주)은 14년 후인 1996년 1월 말 상장됐다. 액면가는 500원이다.

이 회사의 시장점유율은 카바이드 사업부문이 100%, 환경관련 사업부문 100%, 제강정련제 사업부분 50%, 중질타산칼슘부문 40%, 고속도로 휴게소 사업부문 2.90%로 나뉜다.

1995년 고속도로 휴게소 민영화 입찰을 통해 영동고속도로 문막(상, 하)휴게소 운영권을 획득했다. 태경산업은 현재 주요 사업으로 제강정련제, 초미립 중질탄산칼슘, 고속도로 휴게소, 카바이드, 환경관련 사업, 냉동창고 사업을 영위하고 있다.

태경산업은 1995년 12월 기업을 공개한 후 두 차례의 유상증자와 한 차례의 무상증자를 실시했으며, 1999년 11월에는 액면을 5000원에서 500원으로 분할하기도 했다.

현재 자본금은 146억원이며 2004년 당기순이익이 181억원으로, 2003년의 106억원에 비해 74%나 증가하는 좋은 실적을 나타냈다.

제강정련제 · 카바이드 제조판매 · 고속도로 휴게소 운영

태경산업이 주력하고 있는 사업은 제강정련제 제조 판매다. 국내에서는 포항제철이 유일한 수요업체다. 경쟁회사라 할 수 있는 (주)한테크는 광양제철소를 전담하는 이원화 체제를 기본으로 하여 유지되고 있다. 한테크와 태경산업이 시장을 50%씩 점유하고 있는 셈이다.

포항제철소의 경우 생산 강종의 고급강 전환에 따라 제강정련제 사용량이 증대되고 있다.

태경산업은 또 초미립 중질탄산칼슘을 제조 판매한다. 슬러리 타입의 초미립 중질탄산칼슘 시장은 태경산업에 의해 국내 최초로 소개되었고, 현재 태경산업을 포함한 2개 회사가 참여, 제지를 비롯 도료부분에서 수요 증대가 계속되고 있으며, 이러한 추세는 향후에도 계속될 것으로 전망한다.

태경산업은 고속도로 휴게소도 운영중이다. 경제활동 인구증가와 주 5일 근무제 확산으로 인한 교통량의 증가로 고속도로 휴게소 이용객이 향후 지속적으로 늘어날 것으로 예측되어 매출액은 계속 증가할 것으로 예상된다.

이밖에도 국내 유일하게 카바이드를 제조 판매하고 있어 안정적인 수요를 유지할 것으로 본다. 여기에 환경 관련 사업과 냉동 물류 보관 사업도 하고 있는데 환경 설비 산업이 주류를 이루고 있으며 앞으로는 환경설비 가동이 주류로 되어갈 것으로 여겨진다.

태경산업은 현재 석회 전문 제조업체인 (주)백광소재를 비롯, 종합 전구 제조업체인 (주)남영전구, 아세틸렌 및 공업용가스 제조업체인 경인화학산업(주), 액체탄산 제조업체인 태경화학(주)와 남우화학(주), 고속도로휴게소, 주유소운영업체인 태경유통(주), 태경물산(주)를 계열회사로 두었다. 태경산업이 출자하고 있는 회사는 공히 해당 분야의 대표기업으로 계속적인 성장 발전이 기대되고 있다.

(단위 : 원)

구 분	제 25 기 3분기	제 24 기 연간	제 23 기 연간	※ 제 22 기 연간	제 21 기 연간
[유동자산]	23,073,499,431	24,512,931,568	31,363,090,890	23,794,847,138	15,317,042,827
· 당좌자산	16,032,287,612	21,880,144,744	29,168,812,814	21,428,353,527	13,125,753,347
· 재고자산	7,041,211,819	2,632,786,824	2,194,278,076	2,366,493,611	2,191,289,480
[고정자산]	108,323,220,894	99,696,878,263	91,199,860,170	87,924,970,193	76,989,487,653
· 투자자산	77,228,637,173	72,249,570,537	64,508,511,659	60,448,364,600	49,202,256,597
· 유형자산	31,081,895,501	27,434,915,171	26,679,178,286	27,464,229,998	27,778,991,091
· 무형자산	12,688,220	12,392,555	12,170,225	12,375,595	8,239,965
자산총계	131,396,720,325	124,209,809,831	122,562,951,060	111,719,817,331	92,306,530,480
[유동부채]	11,885,199,311	15,584,553,246	28,279,967,634	24,152,270,993	21,439,476,929
[고정부채]	10,347,056,502	10,958,132,546	9,419,821,699	9,313,176,261	7,861,443,875
부채총계	22,232,255,813	26,542,685,792	37,699,789,333	33,465,447,254	29,300,920,804
[자본금]	14,614,375,000	14,614,375,000	14,614,375,000	14,614,375,000	14,614,375,000
[자본잉여금]	23,226,949,910	23,226,949,910	23,226,949,910	23,226,949,910	22,640,921,380
· 자본준비금	11,021,846,281	11,021,846,281	11,021,846,281	11,021,846,281	10,435,817,751
· 재평가적립금	12,205,103,629	12,205,103,629	12,205,103,629	12,205,103,629	12,205,103,629
[이익잉여금]	52,440,232,454	49,199,114,286	36,428,040,371	30,195,198,077	17,854,569,832
[자본조정]	18,882,907,148	10,626,684,843	10,593,796,446	10,217,847,090	7,895,743,464
자본총계	109,164,464,512	97,667,124,039	84,863,161,727	78,254,370,077	63,005,609,676
매출액	40,819,319,322	76,970,266,362	65,376,939,371	61,624,426,752	55,494,269,549
영업이익	5,709,595,314	14,721,670,193	10,824,165,334	9,270,198,969	8,157,583,614
경상이익	9,739,635,300	24,905,740,011	13,840,787,748	17,257,699,281	13,118,769,751
당기순이익	7,625,430,668	17,744,738,314	10,617,154,794	12,340,628,245	8,572,281,910

〈표2〉 요약재무정보

탄탄한 재무구조

2005년 3/4분기 말 현재 태경산업의 총자산은 1313억원이고 부채는 222

억원에 불과하다. 또 자본금은 146억원인데 비해 자본잉여금이 232억원이고 이익잉여금이 524억원이나 된다.

2001년부터 2004년까지의 매출액 추이를 보면 554억원에서 매년 성장세를 보이며 769억원에 다달았는데 2005년 3/4분기까지의 매출이 408억원에 불과해 성장세가 둔화된 것으로 보인다.

영업이익도 2001년 81억원에서 2004년 147억원까지 증가했는데 2005년 3/4분기까지에는 57억원에 불과하고, 당기순이익도 2004년 177억원에서 2005년 3/4분기까지 76억원으로 대폭 감소했다. 이처럼 매출액이 감소한 원인을 살펴보면, 제강용 정련제 부문에서 PM탈유제가 2004년 157억원에서 2005년 3/4분기까지 29억원으로 줄었으며, CaO계 탈유제가 2004년 69억원에서 2005년 3/4분기까지 10억원으로 대폭 줄어들었기 때문이다.

태경산업의 경우 매출 구조를 살펴보면, 제품이 69.4%이고, 상품이 30.6%인데 이렇게 상품비중이 높은 이유는 휴게소 부문의 매출이 30% 가까이 발생하고 있기 때문이다.

한편, 주력 사업인 중질탄산칼슘이 43.9%, 제강용 정련제가 10.8%를 점하고 있어 사업부문의 다각화 성사 여부가 영업실적뿐만 아니라 주가에도 영향을 미칠 것으로 보인다.

태경산업의 재무제표를 살펴보면, 고정자산에 속하는 지분법적용투자주식이 678억원이나 되는데 이는 자본금 146억원의 5배 가까이 되는 규모이다.

태경산업의 부동산 보유 현황을 살펴보면, 충북 제천시에 자가 소유의 토지가 13억원으로 현재 시가로는 20억원이다. 생산부문 토지를 모두 합하면 전남 동광양시, 경북 포항시, 경기도 수원시, 강원도 정선군, 충북 괴산군 등 122억원이다.

태경산업이 출자한 회사들을 살펴보면, 석회 전문 제조업체인 (주)백광소재를 비롯, 종합 전구 제조업체인 (주)남영전구, 아세틸렌 및 공업용가스 제조업체인 경인화학산업(주), 액체탄산 제조업체인 태경화학(주)와 남우화학(주),

고속도로 휴게소·주유소 운영업체인 태경물산(주) 등이 계열사이다.

[2005. 09. 30 현재] (단위 : 주, 백만원,

구분	계정과목	법인명 또는 종목명	출자 목적	기초잔액			증가(감소) 내역		기말잔액			피출자법인의 최근사업연도 당기순이익	비고
				수량	지분율	장부가액	수량	취득(처분)가액	수량	지분율	장부가액		
국내	관계회사 주식 (상장)	(주)백광소재	투자	541,568	30.0	20,732	750,541	5,502	1,292,109	46.8	37,309	2,746	지분법 평가에 의한 증가감
		태경화학(주)		1,896,720	16.4	6,304			1,896,720	16.4	6,867	2,059	
	관계회사 주식 (비상장)	(주)남영전구		562,976	56.3	11,745			562,976	56.3	11,769	723	
		경인화학산업(주)		600,000	100.0	8,735			600,000	100.0	9,099	750	
		남우화학(주)		184,107	51.1	1,410			184,107	51.1	1,548	140	
		태경유통(주)		1,100,000	78.6	8,405	(1,100,000)	(5,502)			–	–	
		태경물산(주)		915,384	53.9	850			915,384	53.9	1,231	637	
해외													
합계				5,800,755		58,181	(349,459)	–	5,451,296		67,823		

〈표3〉 타 법인출자 현황

태경산업의 주식분포를 살펴보면, 최대주주인 김영환 회장이 태경산업의 28.3%의 지분을 가지고 있고, 그 외 특수관계인 6명과 함께 57.9%의 지분을 소유중이다.

특수관계인 가운데는 태경화학, 남영전구, 백광소재, 송원장학회도 포함되어 있다. 태경화학이 11.4%, 남영전구 6.7%, 백광소재가 3.5%, 송원장학회가 4.9%이다.

5% 이상 주주현황을 보면, 대주주와 특수관계인을 제외하고 JF에셋메니지먼트가 5.0%를 보유하고 있고, 신영투신이 5.2%를 투자목적으로 소유하고 있는 것으로 공시했다. 주주분포를 보면 소액주주 가운데 법인이 8.8%, 개인이 12%이다.

　　주주분포 현황을 보면, 개인소액주주 지분이 12%인 351만주에 불과해 거래가 활발하지 못함을 알 수 있다.

관계회사1 … 태경화학(주)

　　태경화학은 1970년 11월 11일 자본금 2000만원으로 설립됐다. 국내 최초로 중소기업 고유업종인 탄산가스 제조업을 개시하여 꾸준한 판매신장을 이루었으며 시장 변화에 따른 수급불균형 해소를 위하여 과감한 재투자를 실행했다.

〈표4〉 태경화학 주봉

설립 당시 상호는 대덕공업(주)이었다. 서울시 중구 북창동에서 시작한 대덕공업은 고체탄산 판매업, 액체탄산 판매업, 기타 관련 화학제품 판매, 기타 관련 부대사업 일체를 운영했다.

동 업계 타사가 단일원료공급처에 의한 단일공장을 운영하는 것에 비해 태경화학은 6개 원료공급처에 의한 4개 공장을 운영중에 있어 안정적 공급을 할 수 있는 기반을 확보했다. 또 시장가격의 안정 및 대형 수요업체에 대한 매출 정상화에 힘입어 흑자경영을 시연하여 업계 선두업체로서의 변함없는 위치를 지키고 있다.

태경화학의 매출액은 2003년 274억원에서 2004년 241억원으로 감소됐으며, 2005년 상반기에는 114억원으로 줄었다. 영업이익은 2003년 41억원에서 2004년 15억원으로, 2005년 상반기에는 12억원으로 다소 증가 추세를 보이고 있다.

반면 당기순이익도 2003년에 35억원 대였던 반면, 2004년에는 33억원 대로, 2005년 상반기에는 13억원으로 감소 추세이다.

태경화학은 태경산업의 지분을 11.4% 보유하고 있으며, 태경산업은 태경화학의 주식을 189만주 소유해 16.3% 지분율이다. 태경화학의 최대주주는 (주)백광소재며 지분율은 33.0%이다. 이어 태경산업(주)이 16.3%, 남우화학(주) 5.2% 등을 보유한 상황이다.

태경유통(주)이 (주)백광소재에 2005년 5월 흡수 합병돼 백광소재의 지분율 증가와 태경유통 지분율 감소 현상이 나타나기도 했다.

관계회사2 ··· 백광소재(주)

백광소재(주)는 1980년 1월 백광광업(주)란 이름으로 설립됐다.

백광소재는 1984년 9월 한국형 석회소성로를 KAIST와 공동으로 개발했으며 1991년 3월 옥동광산의 광업권을 인수했다.

2005년 5월 1일, 비상장법인 태경유통(주)을 흡수 합병한 이후 향후 고속도로 휴게소 운영업 및 음식료품 및 음식점업, 주유소 운영업 등의 사업 목적이 추가되어 급변하는 경영환경 변화에 능동적으로 대처하고, 제반 경영 효율성 제고와 경영 다각화를 도모할 수 있게 됐다.

백광소재의 매출액은 2003년 399억원에서 2004년 506억원으로 증가했으며 2005년 상반기에만 297억원으로 늘어났다.

영업이익은 2003년 4억원에서 2004년 29억원으로 증가, 2005년 상반기에 다시 10억원으로 소폭감소 추세를 보인다.

당기순이익도 2003년 기준으로는 많이 증가했지만 2004년과 비교했을 때는 다소 주춤하는 듯하다. 2003년 당기순이익은 12억원이었고 2004년 28억원이며, 2005년 반기 11억원이다.

백광소재는 태경화학(주)의 지분 35.0%와 (주)남영전구의 지분 43.7%를 가졌고, 태경산업(주)의 지분은 3.4%, 태경물산(주)은 15.3%를 보유하고 있다.

2005년 6월 말 기준 유보율 626%이고 부채비율은 20.2%이며, ROE는 29.3%이다. 또 PBR은 0.9에 불과한데 2005년 3/4분기까지 전체적으로는 매출의 대폭적인 감소에 따라 영업이익을 비롯한 당기순이익의 감소세 역시 비껴날 수 없는 상황이다.

　매출실적을 살펴보면, 2005년 3/4분기까지 408억원을 기록했는데 이 가운데 중질탄산칼슘이 179억원으로 절반 가까이 되어 주력 제품임을 알 수 있다. 이 제품은 2004년 3/4분기까지 178억원과 비교하면 성장세가 두드러지지 못하고 있는 셈이다.

　한 주당 순자산인 BPS가 2005년 상반기 말 액면 500원의 7배가 넘는 3632원이나 되어 주식시장에서 자산주로 주목을 받고 있기도 한데 2005년의 영업실적이 부진하여 다른 자산주에 비해 주가 상승폭이 더딘 편이다.

　특히 태경산업(주)은 예미공장의 카바이드 제조용 전기로 설비를 합금철 제조설비로 전환하여 2005년 8월 중순부터 합금철 제조판매 사업에 신규 참여하고 있는데 실제 수익성이 뒷받침될지의 여부가 향후 주가에 큰 영향을 미칠 것으로 보인다.

　제강용 정련제 부문에서 매출이 대폭 감소했는데 이 부문의 회복세가 나타날지에도 관심을 가질 필요가 있다.

한편, 거래량 측면에서 보면 유통물량이 적어 활발한 거래를 기대하기보다는 장기투자 측면에서 접근해야 유리할 것으로 여겨지는데 이는 투자자들의 관심을 끄는 데 있어 장점일 수도 있지만 단점으로 작용하기도 한다.

CEO 엿보기

태경산업(주)은 송원그룹의 주력기업이다. 송원그룹은 송원김영환장학재단을 통해 장학사업을 직접 운영하는 등 기업이윤의 사회환원 활동에도 적극 참여하고 있다. 재무건전성과 공익성을 겸비한 새로운 민영방송의 대주주로 부각되고 있는 회사이기도 하다.

김영환 태경산업 회장은 현재 송원그룹 회장이면서 백광소재 회장도 겸한다.

■ 돋보이는 '탄탄한 리더십'

김영환 회장의 뒤에는 든든한 버팀목 같은 동생, 김영조 송원그룹 전 부회장도 빼놓을 수 없다.

그는 2003년까지 송원그룹 부회장으로 형과 함께 송원그룹을 비롯한 태경산업 등의 회사를 28년 동안 탄탄한 중견 기업으로 키워온 장본인이다. 2004년 초부터 굿메일 회사에 발을 담갔다.

김영조 회장은 형인 김영환 송원그룹 회장과 28년 간 동고동락하면서 연간 2000억원 대의 매출을 올리는 중견그룹으로 키워 왔다.

김영환 회장 '납세자의 날' 표창

김영환 회장은 2005년 3월 '납세자의 날'을 맞아 성실한 납세와 투명한 경영으로 사회발전에 이바지한 공로를 인정받아 재정경제부 장관 표창을 수상했다. 수상대상이 된 기업은 태경화학(주)이다.

김 회장은 납세의 날 행사에 참석해 강서세무서장으로부터 재정경제부 장관 표창과 모범성실납세자 지정서를 수여받았다.

태경화학은 모범성실납세자로 선정돼 앞으로 3년 간 세무조사 면제, 납세담보 완화, 금융기관 최고등급고객 대우 등의 다양한 혜택을 제공받게 된다.

송원장학회에 숨은 창업주의 뜻

김영환 회장이 설립한 재단법인 송원장학회는 송원그룹 김 회장의 경영 철학인 '공존, 공영, 공익'을 보다 구체화하고, 참된 사회봉사를 실천한다는 취지 아래, 본인의 사재와 뜻을 같이 하는 계열회사의 출연금을 바탕으로 대학생 대상의 장학 사업을 위하여 1983년 3월 24일 설립됐다.

송원장학회는 장학 사업을 통해 젊은 인재들에게 배움의 기회를 넓혀주는 것은 국가 백년 대계를 만들어 가는 보람찬 활동이라는 신념과 의무감을 바탕으로, 송원의 공익사업을 실천하는 창구로서의 역할을 수행해 나가고 있다.

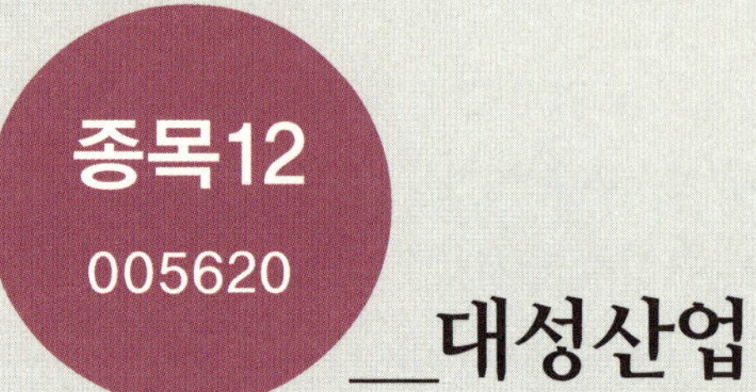

종목12

005620

__대성산업

"기존 이미지 변신, 업종다변화에 성공한 기업"

대성산업의 매력포인트

대성산업 강세 … 보유 부동산 개발

대성산업에 관심을 갖는 이유는 우선 대성산업이 자산주로서 제대로 평가받지 못하고 있다는 점이다.

즉 장부가로 2710억원이라는 넓은 토지를 보유중이라는 점이 장점이다. 전국의 주유소 800억원, 서울 본사 850억원, 가동이 중단된 신도림 연탄공장 700억원 등의 개발 가치가 높은 부동산들을 대거 보유하고 있다.

특히 신도림 연탄 공장 부지에 대한 도시관리계획 변경 결정안이 통과됨으로써 신도림동 360의 51 일대 대성연탄 부지 7700평은 준공업 지역에서 일반상업지역으로 조건부 변경되었다. 이번 신도림동 대성연탄 부지를 용도변경함에 따라, 대성산업은 호텔과 주거, 컨벤션센터 등이 들어서는 45층 높이의 복합타워로 건설할 계획이라고 밝혀놓은 상태이다.

이처럼 부동산 개발 등으로 호조세를 누리면서 대성산업은 그룹 차원에서도 부동산 시장에 대한 체계적인 접근을 시도중에 있다. 대성그룹이 최근 신설한 부동산관리업체가 그 실례이다. 대성그룹은 2005년 12월 1일 신설법인 출자를 통해 부동산 관리업체 (주)가하홀딩스를 대성그룹의 계열회사에 추가한다고 공시했다.

■ '더 이상 연탄생산 회사가 아니다' 기존 이미지 타파

대성산업의 건설부문 매출 증대도 장점의 하나라고 본다. 대성산업의 건설부문 매출액은 지난 2001년 143억원에서 2004년 1970억원으로 급격하게 높아졌다.

여기에 대성산업은 현재 주 매출원인 석유사업 부문에도 도전하고 있는 추세다. '연탄회사'라는 기존의 이미지를 벗어나 업종다변화에 주력하고 있는 상황이다.

대성산업은 또 예멘과 두 곳의 광구개발 계약을 협상중에 있다. 이 계약을 따내기 위해 현재 한국석유공사, GS홀딩스, 삼성물산 등과 컨소시엄 등을 형성해 진행중인 것으로 알려졌다.

대성산업의 2005년 3/4분기 말 당기순이익은 216억원이다. 이 기록은 회사의 높은 수익성을 나타낸다. 여기에 회사의 자본금이 256억원이란 점은 회사의 안정적인 재무구조를 또 한 번 확인시켜 주는 대목이 아닐 수 없다.

특히 경쟁관계에 있는 회사 때문에 반사이익도 얻고 있다는 사실도 눈길을 끈다.

대성산업은 삼천리와 경쟁관계에 있는데 삼천리의 주가상승으로 상대적으로 주가 수준이 낮은 대성산업이 주주들의 관심을 끌고 있기 때문이다. 높은 주가로 접근이 어려운 삼천리에 비해 접근이 용이하고 분석이나 정보수집이 쉬워 대중적인 장점으로 부각되면서 종목의 생명력이 점쳐진다.

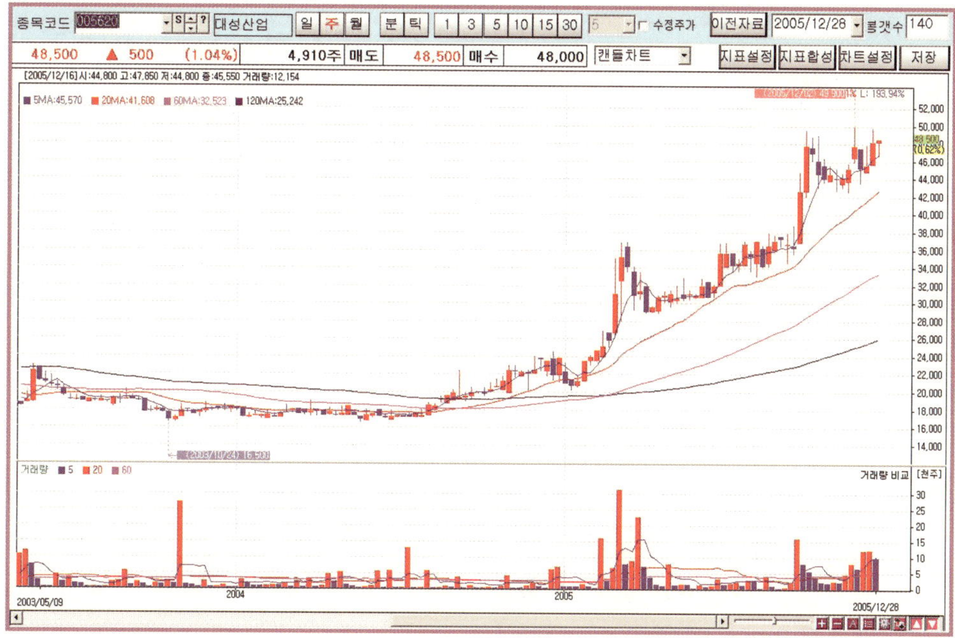

〈표1〉 대성산업 주봉

탐구＆분석 ① 대성산업 바로알기

대성산업의 전신은 대성산업공사다. 대성산업공사는 지난 1947년 5월 10일 창립된 이후 많은 계열회사들을 설립했으며, 2000년부터는 주식양도와 출자, 계열사 설립, 편입, 흡수합병을 본격적으로 시도해 회사 규모를 확대하고 계열사 관리에 들어갔다.

2005년 8월 23일에는 대성산업(주)가 예멘광구 관련 유전개발에 대한 자진 공시를 하기도 했다. 대성산업은 공시를 통해, 한국석유공사 등과 컨소시엄을 통해 예멘광구 2곳(16광구, 39광구)에 유전개발권 획득을 위한 협상을 진행하고 있고 생산물분배계약(PSA) 체결을 추진중이라고 했다. 컨소시엄 구성 현황을 살펴보면 16광구는 한국석유공사, GS홀딩스, 삼성물산, 대성산업이며, 39광구는 한국석유공사, GS홀딩스, 대성산업이다. 대성산업은 2005년 9월 말 사업을 추진중이나 계약체결에 대한 확정된 사항이 없다는 내용의 추가 공시를 다시 했다. 매장량 및 투자금액 등이 결정되지 않았다는 내용이었다.

사업부문별 시장현황 ⋯ '매출안정, 위험성 적어'

대성산업의 사업 부분은 크게 석유·가스부문과 건설사업부문, 기계사업부문, 컴퓨터사업부문, 공업가스사업부문, 정비사업부문, 보일러사업부문, 해외자원개발사업부문, 해외사업부문, 집단에너지사업부문 등으로 나눠진다.

◆ 석유 · 가스부문 사업

대성산업은 경인 · 경남북지역을 공급권역으로 하는 GS칼텍스를 비롯한 정유회사의 일반대리점으로서 경인지역에 주유소 20개소, 가스충전소 6개소와 대구 부산 및 경북지역에 주유소 17개소, 가스충전소 7개소를 설치 운영하고 있으며 자동차용, 산업용, 난방용 유류와 LP가스를 판매중이다.

특히 대성산업의 석유가스 부문 사업은 공급과잉에 따른 정유사 간의 치열한 가격경쟁, 수입상의 시장확대가 예상되지만 시설현대화와 대고객서비스 향상 및 지속적인 공격경영으로 견실한 판매조직을 확대하고 틈새시장을 공략하는 등 시장변화에 적극적으로 대처하고 있다.

◆ 건설사업

대성산업의 건설사업부문은 업계 내에선 후발업체로서의 불리한 경쟁상황에도 불구하고 대성산업만의 오랜 영업력과 안정되고 우량한 재무 기반 위에 중견 건설업체로서의 입지를 굳건히 다지고 있다. 현재 총 14개 현장에서 공사를 원활하게 진행중이다.

◆ 기계사업 … 지속적 국산화 추진, 신규 수주활동 · 경쟁력 강화

대성산업의 기계사업부문의 경우, 유공압기기와 일반산업기기를 세계 유명메이커로부터 수입 판매하며, 계열사 생산제품인 유공압 벨브류와 자체 생산품인 기어드모타를 판매하고 있는 기계류 종합사업부문이다.

국내경기는 IT 및 반도체 분야의 설비투자 증가와 건설기계 분야가 급성장하리라 전망되며, 당 사업부는 지속적인 국산화 추진과 첨단산업 분야에 대한 신규 수주활동 강화, 인재 육성 및 기술축적, 원가절감 등으로 제품의 경쟁력 강화에 주력할 계획이다.

◆ 컴퓨터사업 · 공업가스부문 · 정비사업부문

대성산업은 보안 및 데이터 백업과 관련된 장비도입과 시장에 대한 분석을 실시하여 진출 가능한 분야를 발굴하고, 관련 분야에 진출해 있는 업체와의 협력관계를 유지하고 있다.

공업가스부문은 산업용 및 의료용 산소, 질소, 아르곤 등을 판매하고 있으며, 대구와 부산 두 곳에 사업부를 두었다. 정비사업부문은 자동차 · 중장비 및 특장차 1급 정비공장으로서 그룹 내 자가차량 및 외부차량의 부품공급, 차량정비를 하고 있으며 신도림지역 대단지 APT 조성으로 당사의 물량확보에 유리한 입장이다.

◆ 보일러사업부 · 해외자원개발부문 · 해외사업부문 · 집단에너지사업

대성산업의 보일러사업은 대성쎌틱(주)와 총판대리점 계약을 체결하고 가정용 가스보일러를 구매하여 국내시장 및 해외시장에 판매하고 있다. 대성산업은 신제품 출시에 발맞춰 마케팅을 강화하여 판매 확대를 위해 노력을 기울이고 있으며 시장점유율 15%를 목표로 한다.

현재 중국에 보일러를 수출하고 있으며 시장확보를 위한 노력을 계속하고 있다.

해외자원개발부문에서 대성산업은 한국컨소시엄으로 지분 참여한 리비아 NC174 육상광구가 2004년 5월 생산을 시작했고, 2400만 톤을 발견한 베트남 해상 11-2광구도 베트남 국영 석유회사와 천연가스 판매계약을 체결하고 본격적인 생산시설건설에 착수했다.

또한 카타르 라스라판 LNG사업은 2001년 9월에 배당 수입이 발생한 이후 매년 미화 200만불 이상의 배당금 수입이 발생되고 있는 것으로 여겨진다.

대성산업의 해외사업부문은 (주)CS글로벌로부터 모래를 납품받아 현재 파주지역에 모래 판매를 하고 있다.

집단에너지사업의 경우 2005년 9월 30일 대성산업으로 흡수 합병된 (주)오산에너지의 사업영역이다. 집단에너지 사업의 경우 산업단지와 주택단지에 집단 에너지를 공급하는 사업으로 효과적인 열병합 발전설비의 운영 및 지역난방열 공급으로 주거환경 개선에 주력하고 있다.

(단위 : 천원)

구 분	제 38분기	제 37 기	제 36 기	제 35 기	제 34 기
[유동자산]	255,427,291	233,571,072	145,404,642	121,177,218	130,604,259
· 당좌자산	202,398,174	184,845,831	133,983,848	110,154,937	119,114,726
· 재고자산	53,029,117	48,725,241	11,420,794	11,022,281	11,489,533
[고정자산]	546,288,452	504,554,060	518,480,180	472,107,727	525,337,817
· 투자자산	199,151,970	195,403,114	224,501,617	190,140,783	241,522,637
· 유형자산	338,809,441	302,073,202	293,977,939	281,952,140	283,770,588
· 무형자산	8,327,041	7,077,744	624	14,804	44,592
자산총계	801,715,743	738,125,132	663,884,822	593,284,945	655,942,076
[유동부채]	142,415,547	119,809,704	155,524,878	134,801,031	98,863,753
[고정부채]	237,582,971	214,552,510	101,227,508	68,493,251	177,704,283
부채총계	379,998,518	334,362,214	256,752,386	203,294,282	276,568,036
[자본금]	25,660,550	25,660,550	25,660,550	25,660,550	25,660,550
[자본잉여금]	231,309,730	231,283,990	231,283,990	231,283,990	231,411,211
· 자본준비금	62,266,677	62,240,937	62,240,937	62,240,936	62,368,157
· 재평가적립금	169,043,053	169,043,053	169,043,053	169,043,054	169,043,054
[이익잉여금]	168,052,549	148,810,866	128,292,838	116,938,261	94,388,267
[자본조정]	-3,305,604	-1,992,488	21,895,058	16,107,862	27,914,012
자본총계	421,717,225	403,762,918	407,132,436	389,990,663	379,374,040
매출액	566,718,601	785,436,834	649,393,208	533,236,884	524,835,303
영업이익	14,947,248	10,910,940	13,149,188	4,316,919	4,932,231
경상이익	26,407,560	28,406,550	29,688,025	37,668,770	7,652,929
당기순이익	21,689,677	21,584,987	22,868,285	29,148,380	8,557,739

〈표2〉 요약재무정보

2005년 3/4분기 말 현재 대성산업의 총자산은 8017억원이고 부채는 3799억원으로 총자산에 비해 부채비중이 높은 편이다. 자본금은 256억원이고 자본잉여금은 2313억원이며, 이익잉여금은 1680억원으로 나타나 유보율이 매우 높은 편이다.

대성산업의 매출액 추이를 보면, 2001년부터 2002년까지 5300억원의 매출 규모를 유지하다가 2003년부터 2004년까지 매년 1000억원씩 증가 추세를 보였다. 이어 2005년 3/4분기에는 5667억원의 매출을 달성해 증가 추세를 지속적으로 이어가고 있다.

영업이익의 경우 2001년에서 2002년까지는 45억원 선에서 유지하다가 2003년부터 2004년에 이르기까지 괄목할 만한 성장세를 기록했다. 2003년에는 131억원으로 2002년에 비해 세 배 가량의 성장세를 기록한 셈이다. 2004년에도 109억원의 영업이익을 달성했으며 2005년 3/4분기까지 벌써 149억원을 달성해 2004년도 달성치를 능가했다.

당기순이익의 경우 2001년에만 85억원이었으며, 이후 2002년 291억원, 2003년에는 228억원, 2004년에는 215억원이다가 2005년 3/4분기까지 2004년 말 당기순이익과 비슷한 규모의 이익을 달성했다. 2005년 3/4분기 말 당기순이익은 216억원이다.

대성산업의 재무제표를 살펴보면, 유동자산 가운데 현금 및 현금등가물이 408억원이며 단기금융상품이 42억원, 단기투자자산이 86억원인 것으로 나타났다.

고정자산 가운데 장기투자증권이 186억원이고, 지분법적용투자주식이 1052억원이나 되며, 또 보유토지의 장부가가 2825억원으로 되어 있은데 공시지가 기준으로 3129억원이다. 자본금 규모의 열 배가 넘는 수준이다.

한편, 부채의 경우 유동부채가 1424억원이고 고정부채는 2375억원인데 이 가운데 사채가 1800억원이며 장기차입금이 275억원이다.

사채의 만기를 살펴 보면 2006년에 300억원, 2007년에 1500억원으로 되어 있어 투자자 입장에서는 사채 상환여부에도 관심을 가져야 한다. 또 원화 장기차입금의 경우 297억원이고, 외화장기차입금은 212억원이다.

한편, 2005년 3/4분기 말 기준으로 유가증권 가운데 매도가능한 지분증권이 145억원이고 지분법적용투자주식의 규모는 1052억원인데 취득원가는 450억원이다.

대성산업에서 보유하고 있는 주식의 내용을 살펴보면, 대성산업가스(주)가 212억원(지분율 55%)으로 장부가는 810억원이며, 대성계전(주)가 76억원(지분율 100%)으로 장부가는 104억원, 한국캠브리지필터(주)가 3억원(지분율 50%)으로 장부가는 98억원으로 되어 있다.

대성산업의 최대주주들과 특수관계인들의 주식 소유 현황을 살펴보면, 대성산업의 최대주주는 김영대 회장으로 143만주를 보유해 27.8%의 지분을 갖고 있으며, 이밖에 특수관계인 15명이 309만주를 보유해 60.3%의 지분을 갖는다.

주식분포 상황을 보면, 개인 소액주주가 13.6%인 69만주를 보유하고 있어 주식의 유동성이 적은 편이다. 5% 이상 주식을 소유한 현황을 살펴보면, 김영대 회장이 27.8%를 보유하고 있으며 서울도시가스가 103만주인 20.1%의 지분을 가진 것으로 나타난다.

관계회사 … 서울도시가스(주)

서울시 강서구 염창동에 위치한 서울도시가스(주)(017390)는 가스제조 및 배관 공급업을 주업종으로 건설업(아파트분양사업), 가스기기 판매업을 운영하고 있으며, 1983년 11월 28일 설립됐다.

회사의 사업 비중을 살펴보면, 도시가스가 88.8%, 아파트 분양 11.1%, 배관기자재 외 0.1%다. 도시가스 시장점유율은 삼천리 19.2%에 이어 서울도시가스는 12.5%로 두 번째를 차지한다.

공급권역은 서울지역 강서구 등 11개구로 서울 전역의 38%에 해당한다. 이와 함께 경기도 고양시, 김포시, 파주시 등에 서울시 면적의 2.2배에 달하는 공급권역을 보유하고 있다. 가스 공급 가능한 총 세대수는 180여만 가구로서 가정용 보급률이 서울시는 90%, 경기도는 60%를 초과했고, 배관시설의 총 연장 규모가 4185km에 이른다. 수도권지역에서의 시장점유율은 21.0%이고, 전국기준으로는 12.5%이다. 아파트분양 관련 매출액은 270억원으로 2005년 상반기에 공사가 완료됐다.

계열사로는 서울도시가스엔지니어링, 서울에너지자원(주), 서울도시개발(주), 한국인터넷빌링(주) 등이 있다.

〈표3〉 서울도시가스 주봉

대성산업은 지난 2004년 11월 거래 부진으로 투자유의 종목으로 지정될 정도로 유통물량이 적은 편이다.

대주주 및 특수관계인 지분이 60% 정도인데 비해 소액주주의 주식수 비율은 13.6% 정도에 불과하기 때문이다. 여기에 외국인 지분도 1% 선에 머물고 있다.

특히 자사주 신탁으로 전체 발행주식주의 23%인 117만주를 보유하고 있어 거래 부진의 주요인임에 틀림없다.

한편, 대성산업의 자본금 256억원, 자본잉여금 2313억원, 이익잉여금 1680억원으로 재무구조가 우량한데 1997년 이후 자본금 변동사항이 없어 높은 유보율에도 불구하고 증자에 인색하다는 평가를 받는 상황이다.

여기에 매년 1주당 600원을 배당하여 1주당 순이익인 EPS가 5000원을 넘는데도 불구하고 현금 배당성향은 10% 내외에 불과해 소액주주에 대한 회사 측의 배려가 적은 편이다.

대성산업의 매출비중은 석유가스 69%, 건설 21%인데도 연탄 관련 회사의 이미지를 벗어나지 못하고 있다는 점도 주가상승의 발목을 잡는 이유 가운데 하나이다.

또 대성산업의 비상장 관계 회사에 대한 가치 적정 여부도 주가상승의 문제점으로 지적되어 왔다. 대성산업가스, 대성셀틱, 오산에너지 등의 수익성이 뚜렷하게 좋은 편은 아닌 것으로 나타나고 있다. 지분법적용투자주식은 장부가액이 1052억원으로 되어 있는데 순자산 가액이 1045억원이어서 이 역시 할인요소가 적용되어야 할 것으로 보인다.

CEO 엿보기

대성연탄으로 잘 알려진 고 김수근 명예회장은 우리나라 에너지 산업의 산증인으로 꼽힌다. 그는 우리나라 에너지 발달사와 궤를 같이 하며 대성그룹을 성장 발전시켰다. 해방 직후 연탄 몇 장을 찍어내는 영세한 연탄 제조업자로 출발한 그는 석유유통업·도시가스 판매업에 이르는 에너지 외길 인생을 살아왔다.

에너지 외길 인생 걸어온 김수근 대성산업 창업주

김수근 명예회장은 지난 1947년 5월 10일 직원 4명으로 대구시 북구 칠성동에서 대성산업공사를 창립했다. 이 회사가 오늘날 대성그룹의 모체가 된 셈이다. 대성산업공사는 연탄제조 및 무연탄판매업을 기점으로 출발했다. 이 대성산업공사가 40년 이상의 연륜이 쌓이면서 재계랭킹 30위 재벌기업으로 성장한 것이다.

대성그룹은 1991년 김 명예회장의 장남 영대씨를 비롯한 2세들이 경영에 참여하면서 자동차 부품 등 첨단산업분야에 적극 진출해 탈에너지 산업을 통한 기업 변신을 시도중이다. 지난 1987년 전자식 카뷰레터 제조업체인 대성

정기 설립을 신호탄으로 한국벤딕스일렉트로닉스 · 대성후로닉가스기기 · 대성타코 · 대성나찌유압공업 등 자동차부품을 비롯한 첨단사업분야로 영역을 다각화했다.

김 명예회장은 슬하에 영대, 영민, 영훈 세 아들을 두었다. 또 영주, 정주, 성주 세 딸을 두었다.

창업주 김 명예회장 작고 후 달라진 그룹구성

김 명예회장은 지난 2001년 2월 작고했다. 이후 대성산업은 3개의 소그룹으로 분할됐다. 김수근 명예회장 타계 이후 아들 3형제 가운데 장남인 김영대 회장은 그룹의 모태인 대성산업 등 8개 기업을 맡았다.

차남인 김영민 회장은 서울도시가스 등 5개 계열사의 경영권을 쥐었다. 삼남인 김영훈 회장은 대구도시가스 등 15개 기업의 경영인이 됐다.

형제간 경영권 분쟁으로 한때 재계의 눈총을 받기도 했지만 김 명예회장이 생전에 지켰던 서울 안국동 본사 집무실을 김영훈 회장이 넘겨받으면서 김 회장이 사실상 대성그룹의 총수 자리를 넘겨받은 것으로 잠정 평가받는다.

재계에서는 김 회장이 아버지와 두 형들의 뜻을 이어 57년 역사의 대성그룹을 연탄 · 도시가스 기업에서 에너지 · 환경 · 정보통신 등 복합형 기업으로서 정상에 끌어올릴 수 있을지에 관심이 모아지고 있다.

__흥구석유

"저평가됐다는 확신을 갖고 투자해라"

흥구석유의 매력포인트

지난 2002년 2월 초였다. 당시 코스닥시장이 단군 이래 최대의 활황을 보였다. 코스닥지수가 2월 2000에서 4월에는 최고 2925까지 올랐다.

2002년 초 투자설명회를 준비하던 중 마침 어떤 투자자로부터 전화가 걸려와서 받아보니, '흥부석유'의 기업 내용을 알려 달라는 것이었다. 그래서 '흥부석유'가 아니라 '흥구석유'라고 회사 이름을 정정해 준 후 기업 내용을 알려준 적이 있다.

당시 벤처기업 열풍이 불던 때라 회사 이름도 우리말이 아닌 영문으로 표기된 회사가 많았다. 무슨 일을 하는지, 무엇을 생산하는 회사인지도 모르고 투자에 나서던 때였던 셈이다. 이름부터 헷갈리는 회사라면 과연 회사에 대한 기본적인 지식도 온전하지 않다는 게 내 생각이었다.

물론 이런 사례는 최근에도 많다. 요즘도 디와이와 디아이, 제이엠피와 제이엠아이와 지엠피 등처럼 회사의 이름부터 혼동하는 경우를 간혹 보게 된다. 아니 종종 있다. 이렇게 상호명부터 혼란스러운 회사들의 사업분야가 어느 분야인지는 더욱더 알 길이 없다. 아니 알고 투자하기란 쉽지가 않다. 이게 바로 요즘 현실이다.

당시 투자설명회에서 '흥구석유'라는 회사를 소개하게 된 동기인 셈이다. 흥구석유는 자본금이 4억9000만원인 회사로 보유한 부동산 가격이 약 300

억원이었다. '흥구석유'라는 회사가 그 동안 벌어놓은 잉여금이 100억원인 것을 감안하면 이 회사의 자산은 400억원이나 되는 셈이었다.

단순하게 계산해 봐도 흥구석유의 주가는 적어도 액면가의 80배 정도인 40만원의 가치가 있다고 여겨졌다. 하지만 흥구석유의 주가는 불과 4만원 선에 머물러 있었다. 물론 자본금 규모가 작고 대주주 지분율이 높아 주식 시장에서의 유통 물량은 얼마 안 되기는 했다. 하지만 저축하는 셈치고 몇 주씩이라도 사 모으면 큰 수익을 안겨 줄 수 있으리라고 여겨졌다.

그래서 투자설명회에서 가치투자 측면에서 보면 주가와 자산가치와의 차이가 너무 벌어져 있어 주가가 저평가되어 있다는 점을 강조했다. 그리고 난 뒤 한 달쯤 되었을까 주가가 급등하며 흥구석유의 주가가 4만원에서 단숨에 100만원 근처까지 오르는 것을 확인할 수 있었다.

이런 과정을 지켜보면서 깨달은 게 많았다. 어떤 주식이든 저평가되어 있다는 확실한 소신을 가지고 있다면 투자에 망설이지 말아야 한다는 점이다.

저평가되었다는 확신이 선 이후에는 그 주식을 사 모으고, 시간과의 싸움에서 인내해야 한다. 이런 시간을 참고 견뎌내면 반드시 수익을 올릴 수 있는 날이 오게 된다.

'바닥 100일, 천정 3일' 같은 주식

필자는 당시 흥구석유 주가의 흐름을 통해서 배운 것이 하나 있다.

투자격언 중에 '바닥 100일, 천정 3일'이란 말이 있는데, 이 말의 의미는 큰 시세가 난 이후에 주가는 한참 동안 쉰다는 뜻이다.

2005년 3/4분기 말 현재 자본금은 4억9000만원 밖에 안되지만 당기순이익은 15억원(2001년 22.7억원 → 2002년 24.5억원 → 2003년 19.2억원 → 2004년 21.1억원)이나 기록했고, 정기 주주총회에서의 배당률도 150%(2001년 100%

→ 2002년 200% → 2003년 100%)이었다. 특히 2003년에는 중간 배당을 600%나 더 주어 실제적으로는 배당률이 700% 즉, 한 주 5000원당 3만5000원의 배당을 지급했다.

2005년 3/4분기 말 기준으로 당기순이익은 15.5억원이고 주당순이익(EPS)은 16413원을 기록하고 있다.

자본잉여금이 372억원이고, 이익잉여금도 155억원이므로 잉여금만 해도 527억원이나 된다. 자본금의 100배가 넘는 규모이다.

〈표1〉 흥구석유 주봉

탐구&분석① **흥구석유 바로알기**

흥구석유는 1966년 12월 16일 흥구석유주식회사로 설립됐다. 당시 회사 설립 자본금은 500만원. 1968년 5월에는 호남정유주식회사 경상북도 대리점을 설치했으며, 2년 뒤인 1970년 3월엔 영주 영업소를 설치했다. 1972년 2월엔 포항 영업소, 포항 제1주유소를 설치했으며 1973년 7월에 포항 제2주유소를 신설했다. 1974년엔 만촌 주유소, 동역 주유소를 신설했다.

이밖에도 흥구석유는 끊임없이 각 지역별 주유소를 신설했으며 주유소를 임차하기도 하고 가스 충전소까지 신설했다.

흥구석유는 석유류 제품인 휘발유, 등유, 경유, 방카-C, 액화석유가스 등을 GS칼텍스(주)로부터 매입하여 대구경북지역에 판매하는 석유류 도소매업체이다.

흥구석유와 비슷한 석유류 도소매 시장의 점유율을 살펴보면 대상 지역을 대구와 경북지역으로 했을 때 2005년 상반기 중 시장점유율이 흥구석유가 6.5%이며 이밖에 SK가 24.8%, GS가 24.7%, 경북광유가 10.1%이며 대원석유가 7.2% 등이다.

현재 흥구석유에서는 자사주 3000주(매입가격 6억8000만원)를 보유하고 있다.

(단위 : 백만원)

구 분	제 39분기	제 38기	제 37기	제 36기	제 35기
[유동자산]	6,126	8,767	8,986	11,413	7,637
· 당좌자산	5,464	7,559	7,390	9,830	6,302
· 재고자산	662	1,208	1,596	1,583	1,334
[고정자산]	62,347	62,279	61,913	61,052	61,566
· 투자자산	3,740	3,239	2,913	1,589	1,386
· 유형자산	58,606	59,040	59,000	59,463	60,179
· 무형자산	-	-	-	-	1
자산총계	68,473	71,046	70,899	72,465	69,203
[유동부채]	11,757	15,742	17,735	21,312	18,131
[고정부채]	4,069	3,504	3,000	63	809
부채총계	15,826	19,246	20,735	21,375	18,940
[자본금]	490	490	490	490	490
[자본잉여금]	37,256	37,256	37,256	37,255	37,255
· 자본준비금					
· 재평가적립금	37,256	37,256	37,256	37,255	37,255
[이익잉여금]	15,583	14,737	13,100	14,026	12,518
[자본조정]	-682	-682	-682	-682	
자본총계	52,646	51,800	50,164	51,089	50,263
총매출액	142,271	168,704	160,159	160,274	-
소비세등	66,427	(-)83,516	(-)77,569	-	-
순매출액	75,844	85,188	82,589	-	172,094
영업이익	1,473	2,087	1,646	1,775	9,585
경상이익	2,199	3,130	2,724	3,466	3,334
당기순이익	1,559	2,111	1,924	2,458	2,276

〈표2〉 요약재무정보

2005년 3/4분기 말 현재 흥구석유의 총자산은 684억원이고 부채는 158억원으로 총자산에 비해 부채비중은 그리 높은 편은 아니다. 자본금은 4억 9000만원이며, 자본잉여금은 372억원이고, 이익잉여금은 155억원으로 나타나 있다.

흥구석유의 총매출액 추이를 보면, 2002년부터 2004년까지 1600억원 선을 꾸준히 유지해 왔으며 2005년 3/4분기까지는 1422억원을 기록했다.

영업이익의 경우 2002년 17억원에서 2003년에는 16억원, 2004년에는 20억원으로 소폭 증가했으며, 2005년 3/4분기까지 14억원의 영업이익을 달성했다.

당기순이익의 경우도 2002년 24억원에서 2003년과 2004년에는 20억원 수준으로 다소 감소했는데 2005년 3/4분기까지 15억원을 기록해 큰 변화가 없는 모습을 보인다.

흥구석유의 재무제표를 살펴보면, 고정자산 가운데 보유토지의 장부가가 523억원이다.

흥구석유의 최대주주 및 그 특수관계인의 주식소유 현황을 살펴보면, 서상덕 27% 외 2인이 37.5%를 보유하고 있으며, 또 대표이사 김상우가 32.4%를 가지고 있어 개인소액주주 비율은 19.5%로 19000주밖에 되지 않는다.

흥구석유의 경우, 자본금 규모가 작아 발행주식 수도 적은데 더구나 한 주당 5000원으로 되어 있어 유통 물량은 아주 빈약한 상태이다.

흥구석유는 2004년 1월 거래실적 부진으로 투자유의 종목에 지정된 후 해제된 적도 있다. 한편, 흥구석유는 16개의 직영 주유소를 보유하고 있는데, 이 주유소들의 2005년 9월 말 기준 장부가액을 살펴보면, 토지의 경우 523억원이며 건물은 49억원이다.

흥구석유는 자산재평가법에 따라 1975년 1월 1일과 2000년 1월 1일을 기준일로 하여 유형자산에 대하여 자산재평가를 실시했던 바, 재평가적립금으로 372억원이 계상되었다.

흥구석유는 또 주가 안정을 위하여 보통주식 3000주(취득가액 : 6.8억원)를 취득하였는데 2005년 3/4분기 말 현재 평가액은 4억원이다.

탐구&분석② 흥구석유의 약점

흥구석유는 자산가치가 50만원이나 되어 자산주 대열에 합류할 수 있는데 워낙 자본금 규모가 작은 데다 유통물량마저 적어 본래의 가치접근에 따른 투자가 쉽지 않은 상황이다.

하지만 흥구석유의 경우 회사 측에서 유통물량 부문에 관심을 갖는다면 주가가 재평가받을 수 있으리라고 여겨진다. 예를 들어 증자를 한다든지 액면분할을 한다든지 새로운 변화가 나온다면 주식시장에서의 평가도 달라질 것으로 보인다.

흥구석유는 중간배당을 대규모로 실시한 적이 있다. 이는 주주중시 경영의 한 면을 엿볼 수 있는 점이기도 하나 배당의 대부분을 대주주나 특수관계인이 가져간 점을 감안하면 그 의미가 반감된다고 할 수도 있다.

하지만 2000%가 넘는 높은 유보율을 감안하면 무상증자에 대한 기대도 상존하고 있다고 봐야 한다. 결국 대주주나 회사 경영진들이 주주를 중요시하는 정책을 펼칠 것인가가 향후 주가에도 큰 영향을 미칠 것으로 여겨진다.

흥구석유는 발행 주식수도 적을 뿐더러 유통 주식수도 적다. 이 같은 특징은 주가가 상승하기도 쉽지만 하락하기도 매우 쉬운 주식이라는 점에서 투자에 각별한 주의가 요구된다.

이에 따라 기관이나 외국인들의 적극적인 매수를 기대할 수 없는 것 또한 흥구석유의 최대 단점 가운데 하나이다.

2005년 8월에 기관투자가가 900주를 매수함에 따라 주가가 12만원 선에서 단숨에 16만원 선까지 올라간 적이 있다는 것을 감안하면 유동성 확보가 주가의 최대 관건임을 보여주는 예이다.

CEO 엿보기

미진한 거래량과 유통주식수 … 흥구석유

흥구석유는 경영진에 대한 정보가 별로 없다. 경영진에 대한 정보가 없다는 점은 두 가지로 해석이 가능하다. 경영진이 자주 교체돼 경영진에 대한 깊은 평가를 할 수 없거나, 또는 경영진이 오랜 경험을 바탕으로 오랜 시간 같은 자리에서 안정적으로 회사를 운영하고 있다는 것으로 해석할 수 있다. 아니면 회사가 크던 작던 간에 회사의 계열사들과의 정리정돈이 잘 되어 있고 각 계열사들의 오너들이 적절한 경영전략을 펼치고 있음을 뜻한다.

흥구석유는 이러한 평가 가운데 어떤 평가를 받았을까.

흥구석유의 경우, 경영진에 대한 독자적인 평가는 한 번도 없었으며, 단지 지난 2000년에서 2005년 상반기까지 주식시장에서 간혹 관심종목으로 거론되어 눈길을 끌었다.

자본금이 4.9억원인 이 회사의 총 주식 수는 9만8000주에 그치고 있고 최대주주 외 특수관계인이 79.8%의 지분을 보유하고 있다. 코스닥기업의 최소 주식분산 기준인 소액주주 지분 20% 이상을 간신히 충족시키고 있는 셈이다.

특히 증권가 관계자들은 흥구석유 주식에 대해 "유통물량 자체가 적어 정상적인 주가형성을 기대하기 힘들다"고 지적했다.

이 회사 주가는 실제로 시장상황과 관계없이 움직일 때가 많다. 2005년 들어 코스닥시장이 급등세를 보였지만 홍구석유 주가는 별다른 반응을 보이지 않았다.

■ 2003년 말 고액의 중간 배당 … 대주주에게 두둑한 배당금(?)

지난 2003년 12월에는 홍구석유가 연말을 앞둔 시점에서 주당 3만원의 높은 중간 배당을 실시하기로 해 눈길을 끌었다. 당시 주식시장에서는 홍구석유의 중간 배당의 배경에 관심이 모아졌다.

홍구석유는 2003년 12월 10일을 기준으로 대주주와 소액주주에게 주당 3만원씩을 중간 배당키로 결의했다고 11일 공시했다.

홍구석유 측은 중간 배당 결의 배경에 대해 "대주주의 요청에 의한 것으로 구체적인 이유는 알지 못한다"는 '소극적인 설명'만 했을 뿐이었다. 회사는 또 연말을 기준으로 추가 배당을 또 실시할지는 결정하지 않았다는 입장만 덧붙였었다.

대주주 관련 지분이 70%를 웃도는 데 비해 개인 소액주주 지분은 15% 안팎에 불과하다. 따라서 고배당의 혜택이 대부분 대주주에게로 돌아간다는 점 때문에 주위의 시선이 곱지 않았다.

증권업계에서는 홍구석유가 소액주주 지분이 낮아 투자 유의 종목에 지정돼 있는 만큼 고배당을 통해 개인투자자의 매수세를 유발시키는 한편 연말을 맞아 대주주에게 두둑한 배당금도 챙겨주는 효과를 노렸을 가능성을 꼽았다. 또 배당으로 인한 주주명부 폐쇄기간을 활용, 정확한 지분분산 내역을 확인하려는 의도도 깔려 있는 것으로 해석했다.

지분분산요건 미충족 … 투자유의종목 지정

흥구석유는 2003년 4월 16일 지분분산요건 미충족(소액주주 지분 20%미달)으로 투자 유의종목에 지정됐었다. 2004년 4월 15일까지 이 요건을 충족시키지 못하면 등록이 취소되는 문제를 갖고 있었다. 때문에 최대주주와 2대주주 측이 지속적으로 장내에서 지분을 조금씩 매각하기도 했다.

"매출과 순이익 호전, 현금성 자산 대거보유"

고려제강의 매력포인트

고려제강은 2005년 상반기 지분법 평가이익이 크게 늘어났다. 경상이익의 46% 증대로 실적호전이 지속되고 있는 셈이다.

회사의 매출이나 재무구조를 살펴보니 매출과 순이익이 모두 호전추세를 보인다.

여기에 고려제강이 대규모 현금성 자산과 부동산을 보유하고 있다는 점도 관심을 갖게 된 이유이다.

고려제강은 2005년 상반기 말 기준으로 현금 48억원, 단기금융상품 124억원, 단기투자자산 642억원 등의 현금성 자산을 보유했다. 단기투자자산에는 포스코 145만주, 부산도시가스 62만주, 금호타이어 50만주, 경남에너지 52만주 등이 포함돼 있다.

이 같은 단기투자자산의 경우 취득 당시 가격은 370억원이었지만 시가로 600억원 정도의 장부가액이 측정됨에 따라 230억원 정도의 평가이익이 생겼음을 알 수 있다.

고려제강은 2005년 2월 초 주당 350원의 현금배당을 실시하기로 결의하기도 했다.

고려제강의 6만여 평에 달하는 공장 및 본사 부지의 자산가치도 관심을 가져야 할 부분이다. 이 부지의 장부가액은 757억원이며, 현재 공시지가 853억원이다. 자산가치도 높은 편이다. 이밖에 장기투자증권 182억원, 지분법적용 증권은 3593억원이나 된다.

숨어 있는 비상장계열사들의 무한한 가치

고려제강은 유보율이 매우 높은 회사이다. 현재 자본금 100억원, 자본잉여금 1231억원이며, 이익잉여금이 3740억원이나 된다. 유무상 증자도 기대해 볼 만하다. 액면가 1000원의 주식이므로 유동성 확보를 위한 액면 분할도 기대된다.

앞서 고려제강은 지난 2003년 1월과 2004년 4월 무상증자를 실시했고, 액면분할(5000원 → 1000원) 등 유동성 증대를 위한 회사의 노력이 꾸준히 진행되고 있다.

특히 최근 철강업종이면서 자동차 부품주로의 변화를 꾀하고 있어 이 같은 영업 추세도 종목의 매력으로 꼽을 만하다. 현재 스틸코드, 비드와이어 등 자동차 관련 부문의 호조세가 지속되고 있기 때문이다.

고려제강에 관심을 가져야 할 마지막 이유는 국내시장 점유율이 높은 생산 품목을 회사가 많이 보유하고 있어서이다. W/R 42.7%, PC 47.2%, ACSR 30.2%, S/W 48.7%를 점유했다.

한편, 고려제강은 2005년 7월 9일 계열사인 한경개발의 운용자금 마련을 위해 130억원 규모의 채무보증을 실시했다. 또 고려제강은 계열회사인 서울청과(주) 주식 33만주를 취득함으로써 94억원을 출자했다고 공시했다.

자동차 관련 제품 매출 증가

　고려제강은 세계적인 선재가공 기업이다. 자동차 산업과 연관성이 큰 스틸 코드와 비드와이어 등을 중심으로 한 상품구성으로 자동차 수출 호조와 함께 매출 신장이 예상되는 상황이다.

　반면, 계열사의 수출을 대행하여 경쟁 기업에 비해 낮은 수익성을 보이는 가운데 상반기 중 영업이익은 원재료가격 부담으로 하락하기도 했다.

　하지만 여전히 고부가가치 제품 비중을 확대하고 있어 매출 신장은 더욱 긍정적인 평가를 받는다. 전반적인 철강경기의 부진에도 불구하고 고려제강이 자동차 관련 제품 중심의 매출구성을 통해 지속적인 매출신장 추세를 이어갈 것으로 보여지기 때문이다.

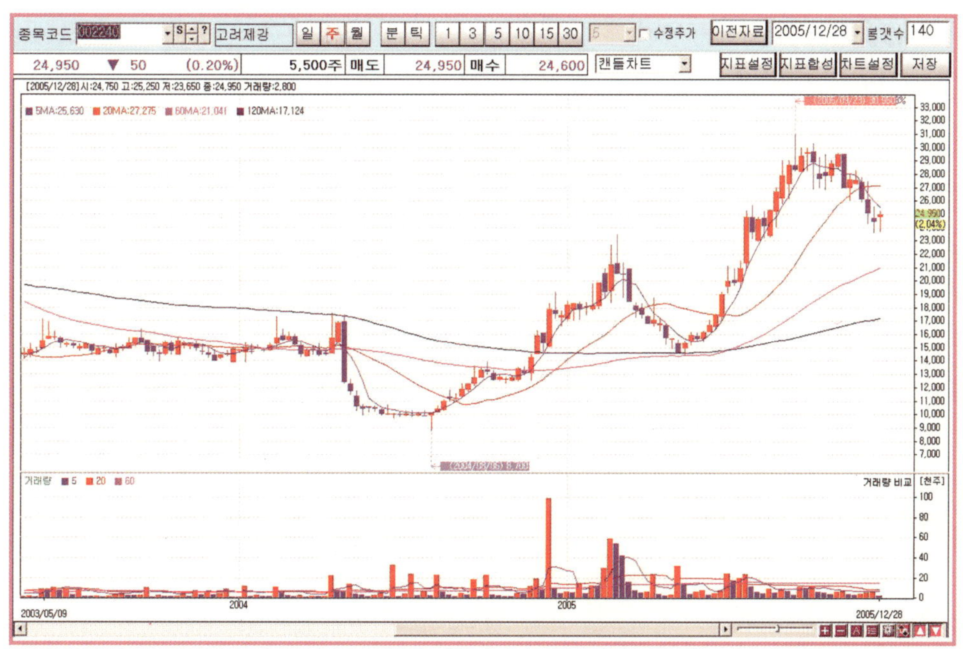

〈표1〉 고려제강 주봉

고부가가치 제품의 비중 확대로 고려제강의 기존 수익성이 더욱 개선될 전망이며 고부가가치 선제가공 계열사의 이익창출에 따른 관련 수익이 기대되고 있기도 하다.

두 차례의 무상증자와 액면분할로 유통주식수가 확대됐으며, 투자의 일단락으로 현금흐름이 개선될 전망이다.

탐구&분석 ① **고 려 제 강 바 로 알 기**

고려제강은 1945년 9월 22일 고려상사로 설립된 이래 각종 특수선재의 제조 및 판매를 목적으로 하고 있는데 1976년 4월 27일 기업을 공개했다.

자본금은 100억원으로 본점은 부산광역시 수영구 망미동에 위치한 기업이다.

1952년 12월 30일 고려상사를 고려상사주식회사로 법인전환했으며, 1969년 8월 20일 고려상사주식회사를 고려제강주식회사로 상호를 변경했다.

고려제강의 비상장 관계회사는 한경개발(주), 고려강선(주), 홍덕케이블(주), 홍덕산업(주), 서울청과(주), 홍덕정선(주), 홍국상호저축은행(주), (주)홍국, 케이에이티(주), 홍덕스틸코드(주), 홍덕섬유(주) 등 11개사다.

고려제강은 지난 2년간 추진하여 왔던 'NEW KIS 5' 경역혁신 운동으로 수율향상, 공정개선 및 제조원가 절감 등 가시적 성과를 거두었다. 또다시 선재 가공업계에서 세계 1등 KISWIRE 달성을 위하여 회사가 지속적으로 추진하여야 할 경영혁신 운동인 'K-1 Project'를 2005년 초부터 추진하여 모든 부문의 낭비요소를 파악, 제거하여 부가가치를 창출할 수 있는 시스템을 구축했다. 5Why와 5How를 생활습관으로 한 자율적 개선활동 조직과 생산, 품질혁신 및 고객만족을 위한 다기능공 양성, 6시그마 활동 및 제안제도의 활성화에 중점을 두고 인재를 육성하는 데 주력하는 기업이다.

고려제강이 생산하는 사업부문의 주요 매출 유형을 살펴보면, 제품에는 와이어 로프(WIRE ROPE)와 강연성 등 기타 제품이 있다. 이 제품들의 주요 용도는 선박과 엘리베이터용 또는 통신이나 고압지지에 사용된다. 이 제품들의 매출액은 각각 716억원과 1112억원이며 비율로는 25.3%, 39.4%이다. 상품으로는 와이어 로프 등이 있는데 매출액은 994억원이며 이 매출의 비율은 35.2%이다.

고려제강의 총자산은 6995억원인데 비해 부채는 1231억원에 불과하다. 또 자본금은 100억원인데 자본잉여금이 1230억원이고 이익잉여금이 3868억원이나 되어 유보율이 높은 편에 속한다.

매출액 추이를 살펴보면, 2001년도부터 2003년도까지 2800억원 선을 꾸준히 유지했으며, 2004년에는 3523억원으로 급격하게 성장했고, 2005년 3/4분기까지 2823억원의 매출을 기록했다.

영업이익 또한 2001년과 2002년에는 90억원대를 유지하다가 2003년에는 136억원으로 증가한 후 2004년에는 175억원으로 또다시 큰 폭으로 증가했으며, 2005년 3/4분기까지는 108억원을 기록중이다.

당기순이익의 경우 2002년에만 273억원이었으며 나머지 2001년과 2003년부터 2004년까지는 꾸준히 400억원 내외를 유지하고 있다. 이어 2005년 3/4분기까지 372억원으로 이미 2004년 당기순이익에 근접할 정도의 이익을 창출했다.

고려제강의 재무제표를 살펴보면, 유동자산에 속하는 현금 및 현금등가물이 84억원이고 단기금융상품이 250억원이며 단기투자자산은 583억원이다.

또 고정자산에 속하는 장기투자증권이 184억원이며, 지분법적용증권이 3716억원이나 되는 것으로 나타났다.

한편, 고려제강이 보유한 부동산 중 본사 379억원, 양산 164억원 등 장부가액으로만 해도 757억원이나 된다.

(단위 :백만원)

구 분	제 48기 분기	제 47기	제 46기	제 45기	제 44기
[유동자산]	180,556	168,641	151,310	103,736	91,533
· 당좌자산	139,281	132,342	124,393	79,475	63,285
· 재고자산	41,275	36,299	26,917	24,261	28,248
[고정자산]	519,035	475,340	442,524	432,901	423,144
· 투자자산	399,275	358,086	325,898	303,360	290,764
· 유형자산	119,679	117,038	116,302	129,108	132,380
· 무형자산	81	216	324	433	–
자산총계	699,591	643,981	593,834	536,637	514,677
[유동부채]	40,891	44,959	32,929	22,359	29,190
[고정부채]	82,300	54,880	47,280	46,423	48,394
부채총계	123,191	99,839	80,209	68,782	77,584
[자본금]	10,000	10,000	7,500	6,526	6,526
[자본잉여금]	123,074	123,074	125,574	126,547	126,547
· 자본준비금	1,624	1,624	1,624	1,624	1,624
· 재평가적립금	121,450	121,450	123,950	124,923	124,923
[이익잉여금]	386,890	353,185	316,788	281,918	254,609
[자본조정]	56,436	57,883	63,763	52,864	49,409
자본총계	576,400	544,142	513,625	467,855	437,093
매출액	282,381	352,328	293,953	287,111	270,232
영업이익	10,897	17,596	13,657	9,073	8,024
경상이익	50,206	53,230	49,744	38,905	55,569
당기순이익	37,205	39,021	37,796	27,308	40,797

<표2> 요약재무정보

고려제강의 관계회사 현황을 살펴보면, 지분법적용증권 회사로는 홍덕산업(주)의 주식 29만주(지분율 39.4%)로 장부가액 14억원, 홍덕케이블(주)의 주식 6만주(지분율 27.8%)로 장부가액 3억원, 홍덕정선(주)의 주식 3만주(지분율 27.9%)로 장부가액 1.9억원, 한경개발(주)의 주식 600만주(지분율 100%)로 345억원, (주)흥국의 주식 127만주(지분율 63.5%)로 63억원, KAT(주)의 200

만주(지분율 100%)로 100억원, (주)흥국상호저축은행의 주식 22만주(지분율 6.3%)로 장부가액 13억원 등으로 나타난다.

매도가능증권으로는 홍덕스틸코드(주), 홍덕섬유(주), 케이티비코리아, (주)전자랜드, 서울전자유통(주) 등이 있다.

고려제강의 최대주주는 홍영철 회장으로 184만주, 18.4%의 지분을 보유하고 있으며 이밖에 최대주주를 포함한 특수관계인 13명은 722만주로 72.2%의 지분을 보유했다.

5% 이상 주주 현황을 살펴보면, 법인으로는 홍덕엔지니어링(주)가 180만주를 보유해 18.0%, 홍덕스틸코드(주)가 179만주를 보유해 17.9%의 지분율을 나타낸다. 5% 이상 주주들의 총 지분율은 62.0%이다.

한편, 고려제강의 주식 분포현황을 살펴보면, 개인 소액주주 지분은 8.4%밖에 안 되는 것을 알 수 있다.

관계회사 ··· 한경개발

한경개발주식회사는 부동산 임대업을 주요목적으로 1989년 12월 12일 설립됐으며, 당기말 현재 납입자본금은 300억원이고, 고려제강 주식회사가 지분 전액을 가지고 있다.

한경개발은 설립 후 본격적인 부동산 임대업을 개시했으며, 12년 뒤인 2001년 7월 울산지점 개설을 시작으로 부천지점, 천안지점, 대전지점, 광주지점, 일산지점, 대구지점, 대전 용전지점, 부산 부곡지점, 부산 수영지점, 전주 인후동점 등을 개설하여 부동산 임대사업을 운영중이다.

최근 발표된 정부의 부동산 대책으로 업계가 대체적으로 어려움을 겪고 있는 상황임에도 불구하고 한경개발은 이 같은 상황에서도 부동산 투자 전문업으로 지속적인 발전을 거듭해 나가는 편이다.

　　한경개발의 자산총계는 2003년과 2004년 모두 각각 682억원과 672억원을 유지했다. 부채는 2003년 383억, 2004년에는 372억원으로 소폭 감소했다. 이밖에 자본금과 자본잉여금, 이익잉여금 등을 모두 합한 자본 총계는 298억원이다. 한경개발의 당기순이익은 2004년 말 기준으로 1.8억원이며, 2003년에는 4776만원이다.

　　한경개발의 현재 보유 토지내용은 장부가액 순으로 보면 부산시의 본점이 143억원이며 11개 지점을 포함해 총 434억원이다.

탐구 & 분석 ② 고 려 제 강 의 약 점

▌유동성이 부족한 고려제강

고려제강은 발행주식수 1000만주(자본금 100억원, 1주 1000원)인데 최대주주 18.4%를 포함해 특수관계인까지 합해 72.2%를 보유해 유동성이 상당히 부족하다. 특히 개인소액주주 비중은 8.4%에 불과해 기관이나 외국인의 적극적인 매수세를 기대하기가 쉽지 않다.

여기에 비교적 높은 주가로 배당수익률은 2% 내외 수준에 불과하다는 점도 약점이다. 고려제강의 배당수익률을 보면 지난 2003년에는 2.0%, 2004년 2.3%였다.

배당성향은 2003년 6.9%, 2004년 9%로 배당 메리트가 적은 편이다. 하지만 주주우대정책적인 측면에서 2003년과 2004년 1주당 350원의 배당을 계속했는데 향후 배당금액이 높아질지 여부가 주가에도 영향을 미칠 것으로 보인다.

또 해외투자분의 투자 회수 여부가 고려제강의 주가를 결정하는 데 중요한 관건으로 보인다.

지난 1987년 말레이시아 현지법인 설립, 1999년 미국 현지법인 설립, 2003년과 2004년 중국에 361억원을 투자해 두 개의 타이어용 선재공장을 설립했는데 투자 회수가 순조로울지 여부도 관건이므로 유의해야 한다.

자회사에 대한 정보 부족

국내 비상장 회사나 해외 법인 중 매도가능증권, 지분법적용증권이 700억 원을 넘어서고 있지만 투명성 여부에 대한 정보가 부족하다. 투자자들이 이들 회사에 대한 정보를 얻기가 어려워 회사에 대한 가치 평가를 정확히 할 수 없다는 점도 약점 가운데 하나이다.

특히 고려제강은 계열사인 저축은행의 노사분규로 골머리를 앓아 왔는데 이 같은 고려제강의 안팎의 분쟁도 주가에 부담으로 작용한다.

2005년 3월 자회사 흥국상호저축은행의 노사 갈등으로 그룹 이미지까지 실추됐다. 이 은행은 경기 침체로 보수적인 경영운영을 해 왔지만 지난 2004년 노사 단체협약이 결렬되며 파업과 직장폐쇄가 잇따라 이뤄지는 등 파행운영을 일삼았다. 심지어 고려제강 본사 및 계열사에까지 찾아와 시위를 하는 등 회사 경영진과의 감정이 더욱 악화되기도 했다. 현재 일단락된 노사간의 갈등은 또다시 언제 재발할지 모르는 상태임으로 주가의 변수로 작용할지 지켜볼 필요가 있다.

CEO 엿보기

고려제강 창업주의 회사에 대한 열정과 노력

지난 2001년 매일경제 신문에는 '고려제강, 룩셈부르크 왕실과 23년 인연' 이란 제하의 기사가 실렸다. 기사에는 국내 중견 철강사인 고려제강 홍영철 회장과 룩셈부르크 왕실의 23년에 걸친 인연을 화제로 삼았다.

2001년 4월 초 고려제강 계열사인 스틸타이어코드 제조사 고려강선의 포항 4공장 준공식에 기욤 룩셈부르크 왕세자가 참석한 것에 대한 설명이 기사 내용의 대부분이었다.

국내에서조차 무명이라고 할 수 있을 만큼 잘 알려지지 않은 중소기업 공장 준공식에 유럽 왕실에서까지 직접 축하사절이 오게 된 이유는 무엇일까. 이유는 지난 1978년 고려제강과 룩셈부르크 철강사인 아베드의 합작투자에서 비롯됐다고 설명한다.

와이어 전문 철강사로 설립된 고려제강은 타이어용 와이어 제조 분야에 진출하기 위해 외국 합작처를 찾게 됐고, 지금은 명예회장으로 현직에서 물러난 홍종열 창업주는 세계 최고 기업과 합작해야 한다고 판단, 아베드를 접촉했다.

당시 동아시아 개도국의 한 중소기업이라는 어려운 여건에서도 홍 창업주는 갖은 노력 끝에 합작투자를 끌어냈고, '50대 50'이란 비율로 고려강선을 설립했다.

설립 초기 시장개척의 어려움으로 자본잠식에 빠지기도 했던 고려강선은 이후 아베드의 기술전수와 영업력 확장을 통해 성장해 가며 룩셈부르크 왕실의 주목을 받게 됐다.

연내 프랑스 유지노와 합병해 세계 최대 철강회사로 부상하는 아베드는 룩셈부르크 최대 산업체로 왕실에서도 무시할 수 없는 존재이기 때문이다.

양사간 꾸준한 협력관계는 1984년까지 이어져 현 국왕인 앙리대공도 회사를 방문했으며 홍 창업주는 자신이 쓰던 서울 중구 장교빌딩 내 집무실을 룩셈부르크 대표부에 내주기도 했다.

홍 창업주의 회사에 대한 열정과 노력을 엿볼 수 있는 한 단면인 셈이다.

그의 이런 고려제강에 대한 애착과 사랑이 지금의 철강업계 '뚝심기업'이 될 수 있었던 이유다. 그리고 그런 홍 창업주의 정신을 이어받은 아들들의 활약도 고려제강을 지금처럼 단단하게 만들 수 있었던 배경이다. 홍 창업주는 4명의 아들을 뒀으며, 홍호정, 홍영철, 홍민철, 홍봉철이다.

홍 창업주에 이어 고려제강 회장을 맡고 있는 홍영철 회장은 지난 2004년 100대 기업 리스트에서 고려제강을 74위로 올려놨으며, 2005년 10월에는 61위로 거듭나게 한 일등공신이다.

2002년 본격적인 주가관리에 돌입했던 홍영철 회장

홍영철 회장은 2001년 경영권을 이어받은 후 주가관리에 나섰다. 자사주 44만주를 기관투자가에게 팔아 본격적인 주가관리에 앞장섰다. 고려제강은 2002년 2월 8일 보유중인 자사주 44만3천8백40주(6.8%)를 2만1백원(총 매도금액89억원)에 국내 기관투자가들에게 자전거래 형식으로 처분했다. 회사는 자사주 처분 이유에 대해 "유통주식 물량을 늘리기 위한 것"이라고 증권거래소에 공시했다.

당시에도 고려제강은 재무구조가 뛰어난 우량주(부채비율 18%, 유보율 6천3백%)로 평가받고 있었다. 하지만 대주주 및 특수관계인의 지분이 80%에 달하고, 자사주 보유물량(6.8%) 때문에 하루 평균 거래량이 수천주에 그치는 등 투자자들의 관심을 받지 못하던 형편이었다. 이에 대해 홍 회장은 주가에 대한 시각을 바꾸기 시작한 것.

지난 2001년 아버지이자 창업주인 홍종열 명예회장이 경영일선에서 물러나고 차남이던 홍영철 회장이 경영권을 이어받은 지 1년 만의 변화였다.

회사는 "2세 체제로 바뀐 이후 과거의 보수적 경영에서 벗어나고 있으며, 이번 유통주식수 확대를 위한 자사주 처분도 이런 변화에 따른 것"이란 설명을 빼놓지 않았었다.

25년 넘게 포스코와 선재 거래

고려제강은 지난 1980년부터 한결같이 포스코와 선재를 거래해 왔다. 이 같은 고려제강의 고집세지만 한결 같은 경영방침에 대해 거래업체였던 포스코가 감사패를 전하기도 했다.

포스코는 지난 2003년 7월 24일 강창오 포스코 사장을 통해 홍영철 고려제강 회장에게 누적거래량 300만톤 돌파를 기념해 감사패를 전달했다.

홍영철 회장은 자신이 회장으로 취임한 이후 조금씩이지만 외형 중심 경영의 탈피를 시도했다. 제조원가 상승을 최대한 억제하고 고부가가치 제품의 생산 판매에 주력하는 수익성 위주 전략을 펼쳤다. 특히 알짜 자회사 및 관계회사를 여러 개 만들기 시작했다. 고려강선, 홍덕스틸코드, 홍덕산업, 홍덕케이블, 홍덕정선 등 이 회사의 관계회사다.

　증권업계는 고려제강 관계회사들의 가치만 해도 고려제강의 시가총액을 웃돌 것이라고 관측했다.

"경제정의는 기업미래다" 고려제강 신념 눈길

　2003년 4월 창업 59주년을 맞던 고려제강은 사업의 다각화를 통한 사세확장을 꾀하지 않고 오로지 특수강선 분야에만 매진했다는 평가를 받았다. 고려제강은 이 결과, IMF로 인한 국가경제의 위기, 대기업 부실로 인한 도산 등의 경제위기를 이겨내고 견실한 성장을 지속했다.

　2003년 당시 연간 19만톤의 와이어로프, PC강연선, 비드와어어 등을 생산해 이 중 70% 이상을 세계 70여 개 나라에 수출했다.

종목15

026870

__대한도시가스

대한도시가스의 매력포인트

대한도시가스는 '경기방어주'에 속한다. 경기방어주란 경기의 호전·위축과는 상관이 없거나, 별로 영향을 받지 않는 업종에 속하는 기업의 주식을 통틀어 일컫는다.

경기에 둔감하기 때문에 '경기둔감주'라고도 한다. 전력·가스·철도 등 공공재와 의약품·식료품·주류 등 생활필수품 등과 같은 종목이 이에 해당한다. 철강·석유화학·조선·반도체 등과 같이 다른 종목에 비해 경기의 영향을 많이 받는 '경기관련주(경기민감주)'와 상대되는 개념이다.

경기방어주는 일반적으로 경기가 좋을 때는 다른 종목에 비해 약세를 보이지만, 경기가 하락할 때는 상대적으로 안정적인 주가 흐름을 보인다. 주식시장이 전반적으로 침체 현상을 보이는 불경기일지라도 결코 소비하지 않을 수 없는 업종의 주식이 바로 '경기방어주'이기 때문이다. 반대로 경기가 좋을 때는 다른 종목들이 큰 폭으로 상승하는 것과 달리 경기방어주는 거의 상승하지 않거나 제자리에 머물러 상대적으로 약세를 보일 뿐 경기에는 별로 영향을 받지 않는 특징을 갖는다.

배당성향이 높은 대한도시가스

대한도시가스는 경기방어주로써 주가 상승에 따라 배당수익률이 낮아지기는 하지만 배당성향이 지난 2003년 84.9%, 2004년 67.5%로 꾸준히 높은 수준을 유지하고 있어, 여전히 배당관련주로써 관심을 모으는 편이다.

특히 대한도시가스는 지난 1990년 SK의 경영참여로 공신력을 확보했는데 SK사태 이후 대주주가 SK엔론으로 변경됐다. SK엔론은 2005년 11월 11일 사명을 SKE&S로 변경했다.

대한도시가스는 사업진행에 있어 사업을 확장하게 되더라도 추가적인 설비투자비용 부담이 적다. 도시가스의 공급 자체가 정부시책으로 지역적인 공급독점권이 인정되고 있어서다. 이런 가운데 대한도시가스는 서울 강남, 강동, 경기도 과천, 성남, 하남, 광주시, 이천시, 여주군 등 수도권 주요 지역의 가스 공급권을 확보하고 있다.

대한도시가스의 시장점유율은 지난 2004년 8.6%에서 2005년 11.7%으로 상승했다. 현재 도시가스 시장의 점유율 현황으로는 삼천리가 18.1%, 서울도시가스 12.8%인데 이어 대한도시가스가 전국 33개 도시가스 회사 가운데 세 번째이다.

안정적인 수익기반 확보 가능

대한도시가스는 경기변동의 영향이 적고 구입단가 및 판매단가가 정부고시 단가에 의해 결정되므로 안정적인 수익기반 확보가 가능하다. 여기에 서울과 경기도에 각각 장부가 680억원, 27억원의 토지를 보유중이다. 이 토지들은 2005년 7월 1일 공시지가로 1067억원에 달한다.

보유한 주식도 자산가치가 크다. 부산도시가스 주식을 86만주, 7.8%의 지분을 보유하고 있는데 이 주식의 취득가는 145억원이다. 이 주식의 경우 주가 상승시 차익을 기대할 수 있는 부분이다.

부실채권 없어 자금조달 용이

  도시가스 시장의 특성은 초기에 배관 등 설비 투자가 많이 소요되어 정책금융을 지원받을 수 있으며, 매출채권 면에서는 은행자동이체 및 지로 등에 의한 입금제도의 정착으로 부실채권이 거의 발생하지 않아 자체 자금조달이 비교적 용이하다는 점이다.

〈표1〉 대한도시가스 주봉

여기에 정부의 에너지 시책이 탈 석유·석탄정책, 환경오염규제, 국민생활 환경 개선 등 도시가스 보급확대 정책 위주이며 공익성에 따른 수요가 서비스 개선과 안정성 확보 의무 및 도시가스 가격통제 등 사회적 책무를 부여받고 있다.

도시가스는 가정 및 업무용 건물의 냉·난방용 연료 및 산업용 연료로써 경기 변동에 거의 영향을 받지 않으며, 구입단가 및 판매단가가 정부 고시단가에 의해 결정되므로 안정적인 수익기반이 보장된다.

대한도시가스는 지난 1978년 7월 7일 설립됐다. 1978년 11월 도시계획법에 따른 사업시행 허가를 받은 대한도시가스는 1979년 6월 가스사업법에 따른 사업 허가를 받았다.

대한도시가스는 1980년 2월에 1단계 공장 준공을 마쳤으며, 4년 뒤 2단계 공장을 준공했다. 1986년 6월에는 (주)대한도시가스엔지니어링 자회사를 설립했으며, 대한도시가스에 SK(주)가 경영에 참여한 것은 1990년 1월부터이다.

SK(주)가 경영에 참여한 뒤 본격적으로 추가 사업에도 뛰어든 대한도시가스는 1990년 7월부터 가스기기 판매사업에도 진출했다. 1991년 6월 건설업 면허를 취득한 대한도시가스는 1995년 12월 21일에는 한국증권 선물거래소에 상장했다. 같은 시기에 대한도시가스는 자회사 대한도시가스서비스(주)를 설립했다.

1999년 1월에는 SK(주)였던 최대주주가 SK엔론(주)로 바뀌었으며, SK엔론은 2005년 11월 11일 사명을 SKE&S로 변경했다.

최초 민영 도시가스회사로 출범한 대한도시가스

대한도시가스는 1978년 국내 최초 민영 도시가스 회사로 출범한 이래 안정적이고 경제적인 청정에너지를 서울 강남구, 강동구, 송파구, 서초구 및 경기 성남시, 하남시, 광주시, 이천시, 여주군 등지에 공급하고 있으며 친환경에너지를 통해 쾌적한 생활문화 향상에 기여해 왔다.

또 건실한 재무구조와 안전관리에 대한 지속적인 투자와 투명경영에 의한 기업의 내실을 다지는 동시에 업계 최초 통합안전관리시스템 구축과 더불어 2000년 석탑산업훈장을 수상하는 등 도시가스 업계의 모범적인 회사로 입지를 구축해 나가는 중이다.

특히 대한도시가스는 고객이 안전하고 편리하게 도시가스를 사용할 수 있도록 24시간 철저한 공급시설물 안전 점검과 완벽한 선진 안전관리시스템 구축은 물론, 과감한 공급설비 투자를 통해 가스를 안정적으로 공급하고 있다.

대한도시가스는 지난 1987년부터 천연가스 열량변경 작업을 개시, LNG로 전환하여 현재 서울의 강남, 강동, 송파, 서초 및 경기의 과천, 성남, 하남, 광주, 여주, 이천지역에 공급기반을 확보하여 2005년 9월 말 기준으로 120만여 수용가를 공급대상으로 하고 있으며, 판매량은 10억6백만㎥이다.

대한도시가스의 사업부문을 구분해 보면, 도시가스부문과 기타부문으로 나누어진다. 기타부문은 도시가스 부대사업이며 총 매출액 중 도시가스부문이 99% 이상 차지하므로 기타사업은 미미한 상태다. 도시가스 사업부문의 매출액은 2005년 3/4분기 현재 4895억원으로 99.8%를 차지하며, 매출총이익은 665억원이다. 기타 공사수입의 매출액은 11억원으로 0.2%이다.

대한도시가스의 신규사업 현황을 살펴보면, 2005년 9월 현재 CNG충전소 3개소를 준공하여 가스를 판매하고 있으며, 향후에도 2개소의 충전소를 추가로 설치할 예정이다. 이에 따라 충전소 사업을 통한 지속적인 매출증가가 기대된다.

고정자산 유지, 튼튼한 재무구조 자랑

(단위 : 백만원)

구 분	제28분기	제27기	제26기	제25기	제24기
[유동자산]	84,826	198,542	169,406	182,868	182,064
· 당좌자산	84,503	198,097	169,002	182,557	181,748
· 재고자산	323	445	404	311	316
[고정자산]	314,537	322,690	326,739	330,282	326,649
· 투자자산	33,436	31,791	32,212	34,865	35,252
· 유형자산	280,378	289,828	293,058	293,607	289,581
· 무형자산	723	1,071	1,469	1,810	1,816
자산총계	399,363	521,232	496,145	513,150	508,713
[유동부채]	54,660	179,014	155,157	167,321	182,414
[고정부채]	26,479	26,485	31,115	38,119	36,470
부채총계	81,139	205,499	186,272	205,440	218,884
[자본금]	48,500	48,500	48,500	48,500	48,500
[자본잉여금]	107,736	107,736	107,736	107,736	107,736
· 자본준비금	403	403	403	403	403
· 재평가적립금	107,333	107,333	107,333	107,333	107,333
[이익잉여금]	161,645	159,162	153,325	151,168	133,289
[자본조정]	342	335	313	306	304
자본총계	318,223	315,733	309,873	307,710	289,829
매출액	490,713	640,108	589,894	542,059	572,873
영업이익	13,725	21,401	21,495	23,187	25,976
경상이익	20,070	24,851	21,003	25,235	31,271
당기순이익	14,602	17,955	14,275	17,740	21,874

〈표2〉 요약재무정보

2005년 3/4분기 말 현재 대한도시가스의 총자산은 3993억원이고 부채는 811억원으로 총자산에 비해 부채비중은 아주 작은 편이다. 자본금은 485억 원이며, 자본잉여금은 1077억원이고, 이익잉여금은 1616억원인 것으로 나타나 유보율이 비교적 높은 편에 속한다.

대한도시가스의 총매출액 추이를 보면, 2002년부터 2004년까지 꾸준히 증가해 온 것을 알 수 있다. 2002년 5420억원에서 2003년에는 5898억원, 2004년에는 6401억원으로 증가했다. 이어 2005년 3/4분기까지 4907억원의 매출을 올려 2005년 말까지 꾸준한 성장세를 이어갈 것으로 보인다.

영업이익의 경우도 매출액의 상승세와 마찬가지로 꾸준한 이익을 유지하고 있다. 2002년 231억원에 이어 2003년과 2004년에는 214억원, 2005년 3/4분기까지 137억원으로 나타났다.

당기순이익도 2002년 177억원에서 2003년에는 142억원, 2004년에는 179억원, 2005년 3/4분기에는 146억원인 것으로 집계되었다.

대한도시가스의 재무제표를 살펴보면, 유동자산 가운데 현금 및 현금등가물이 78억원이며 단기금융상품이 239억원이다.

고정자산에 포함되는 지분법적용투자주식은 277억원이며 대한도시가스가 소유한 토지의 경우 707억원인 것으로 나타난다.

대한도시가스의 관계회사 현황을 살펴보면, (주)대한도시가스ENG의 지분을 100% 보유하고 있으며 (주)부산도시가스의 지분도 7.8% 보유했다. 또 이런 대한도시가스의 지분을 SKE&S(주)(구 SK엔론)이 40%를 가지고 있으며, SKE&S(주)는 (주)부산도시가스의 지분도 40% 보유중이다. 또 SK(주)는 SKE&S(주)의 51%를 가지고 있다.

대한도시가스의 최대주주 및 특수관계인 지분 보유 현황을 살펴보면, 최대주주인 SKE&S(주)가 2005년 3/4분기 말 현재 388만주를 소유해 40%의 지분율을 나타내고 있으며 이밖에 최대주주를 포함한 특수관계인 2명의 소유주식은 453만주로 46.7%이다.

주식분포를 살펴보면, 개인 소액주주는 16.9%인 것으로 드러났다.

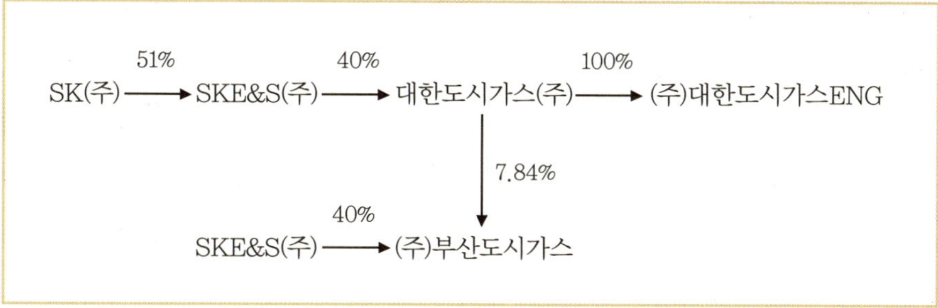

〈표3〉 관계회사 현황

관계회사1 ··· SKE&S(주)

SKE&S는 1999년 1월 SK(주)가 SK가스(주) 및 5개 도시가스사(대한도시가스·부산도시가스·구미도시가스·청주도시가스·포항도시가스)의 주식을 현물출자하고, 미국의 종합전력·가스회사인 엔론사가 그와 비슷한 현금을 출자하여 만든 합작회사로서, (주)부산도시가스를 포함한 9개 도시가스회사와 1개의 열병합발전소 및 SK가스(주)의 경영권을 가지고 있다. 대한도시가스의 40% 지분을 보유했다.

SKE&S는 지난 2005년 11월 11일 임시주주총회를 열고 회사명을 SK엔론에서 SKE&S로 변경키로 했다. SKE&S는 그간 합작 파트너로 있던 프리즈마에너지(옛 엔론)가 지분을 철수함에 따라 새로운 사명을 도입했으며 기업로고도 변경한다고 밝혔다.

SKE&S는 11개 자회사를 거느린 지주회사로, 대한도시가스, 부산도시가스 등 9개의 도시가스회사와 LPG회사인 SK가스, 열병합발전회사인 익산에너지를 자회사로 두었다.

▌관계회사2 ··· (주)대한도시가스ENG

　대한도시가스엔지니어링은 1986년 6월 18일 설립했으며 서울시 강남구 대치동에 자리잡았다. 주요 사업은 설비공사업 및 가스기기 판매업이다. 대주주 지분 현황을 살펴보면, 대한도시가스(주)가 60만주를 보유해 100%의 지분율을 나타낸다.

　자산은 2003년 말 127억원에서 2004년에는 144억원으로 증가추세를 보이고 있으며, 부채는 2003년 52억원에서 2004년에는 39억원으로 감소했다.

　자본총계도 2003년 88억원에서 99억원으로 증가했으며 2005년 3/4분기까지 91억원인 것으로 나타나 성장세를 지속하고 있는 우량기업으로 성장하고 있음이 드러난다.

▌관계회사3 ··· (주)부산도시가스

　(주)부산도시가스(015350)도 SK그룹, SKE&S(주)의 관계회사인데 가스 제조 및 배관 공급업을 하고 있는 회사로 1981년 3월 4일 설립됐다. 부산시 수영구 남천동에 위치한 회사의 매출액은 2003년 말 기준으로 3871억원이다.

　현재 이 회사는 부산 전역에 도시가스를 공급하고 있으며 1996년 12월 2일 천연가스 공급을 개시하였다. 1997년 6월 23일 증권선물거래소에 주식을 상장하고 1998년 11월 2일 SK그룹에 편입됐으며, 1999년 3월 SK-Enron(주) 계열사로 편재되었다.

　(주)부산도시가스는 가스 제조와 공급 및 배관 공급업과 함께 가스보일러도 제조 유통하고 있으며, 배관 및 냉난방장치 도매업도 겸한다. 주주구성은 SKE&S(주) 40%, 대한도시가스(주) 7.84%, 동일고무벨트(주) 5.87%이다.

〈표4〉 부산도시가스 주봉

탐구&분석②   대 한 도 시 가 스 의   약 점

대한도시가스의 경우, 개인 소액주주 지분은 17%에 불과하다. 이는 곧 거래부진의 주요인이 된다.

특히 대한도시가스는 사업 영역의 확대보다는 기존 사업 범위 내에서만 매출증대를 꾀하고 있어 성장성에 대한 기대가 미흡한 편이다.

회사의 매출 증가세를 살펴보면, 2001년에는 5728억원이었으며 2002년 5420억원, 2003년 5899억원, 2004년 6401억원으로 비슷한 매출 규모를 보인다. 다행히 2005년 3/4분기엔 4184억원을 기록했지만 이번 성장세의 경우 2005년 1월과 2월의 강추위로 인한 매출 증대 때문이다.

즉, '상반기 실적×2'를 1년 실적으로 추정하는 것보다 상반기와 하반기의 강추위 여부에 따라 실적에 영향을 미친다는 점도 알아둘 상황이다.

지구온난화 현상은 매출에도 영향

지구온난화 현상이 지속될 경우, 겨울추위 감소로 인해 매출 증대에 영향을 줄 가능성이 크다. 한겨울 날씨에 좌우되는 주가의 모습을 정확히 관찰할 수 있어야 한다.

　주로 상반기 실적 발표 후 연말이 다가올수록 배당 관련주로 주목받는 주가의 계절적 특성이 존재하고 있는 주식이다.

　다른 도시가스 관련주에 비해 자본금 규모가 커 주당 순이익 측면에서 불리하고 이것이 주가에 영향을 미치고 있기도 하다.

　한편, 대한도시가스는 SK계열의 업체임에도 불구하고 인지도가 부족하다. 오히려 SK가스가 도시가스 사업을 하고 있는 게 아니냐는 오해를 받기도 한다. SK가스는 정부정책에 따라 1988년 국내 최초로 LPG수입판매를 시작한 회사이다.

C E O 엿 보 기

2004년으로 대한도시가스는 창립 26주년을 맞았다. 노승주 부회장은 2004년 7월 6일, 회사강당에서 임직원 및 지역관리소 소장들이 참석한 가운데 창립 26주년 행사를 실시했는데 이날 노 부회장의 기념사가 인상적이다.

노 부회장은 "26년 전 누구도 섣불리 시작하려 하지 않았던 도시가스사업을 오로지 가스산업의 발전과 공공의 이익을 위한 신념 하나로 시작된 우리 대한도시가스가 지금은 110만여 세대에 가스를 공급하고 연간 13억㎥ 이상의 가스판매량을 기록하는 등 업계에서 인정받는 우량기업으로 성장했다"면서 "이 성장은 회사 직원들이 현장에서 맡은 바 직무에 최선을 다한 결실이다"고 직원들을 치하했다.

그는 또 "대한도시가스의 역사는 도시가스산업에 있어서 단순히 26년이라는 시간적 의미가 아닌 바로 직원들의 노력과 열정으로 점철되어진 과거로부터의 전통이자 미래에 대한 희망이다"면서 "도시가스산업 역사의 새로운 밑그림을 그려나가는 주역임과 동시에 미래를 책임져야 할 사명을 갖고 있다"고 강조했다.

또 2005년 시무식에서도 계속되는 기후 온난화와 경쟁 에너지의 영업잠식, 가스산업구조개편 등 위기요인의 극복을 강조하기도 했다.

　이를 극복하기 위해 화합과 신뢰와 핵심 역량 등을 기업의 경영 이념으로 밝히기도 했다.

김경신이 뽑은
천하무적 장기투자 종목15

초판 1쇄 인쇄일 | 2006년 2월 5일
초판 1쇄 발행일 | 2006년 2월 10일

지 은 이 | 김경신
발 행 인 | 유창언
기   획 | 김은경
발 행 처 | **이코노믹북스**
출판등록 | 1994년 6월 9일
등록번호 | 제10-991호

주소 | 서울시 마포구 서교동 377-13 성은빌딩 301호
전화 | 335-7353~4
팩스 | 325-4305
E-MAIL | pub95@hanmail.net
        pub95@chollian.net

ISBN 89-5775-102-5   03320

값 17,000원

※ 잘못 만들어진 책은 구입처에서 교환해 드립니다.
※ 인지는 저자와의 협의에 의해 생략합니다.